Carlos Alberto Vargas Quiroz

Projeto e Implementação de um Sistema de Comutação Telefónica

Carlos Alberto Vargas Quiroz

Projeto e Implementação de um Sistema de Comutação Telefónica

Introdução, Conceitos de telefonia, Comutação de telefonia, Microcontroladores, Implementação

ScienciaScripts

Cover image: www.ingimage.com

This book is a translation from the original published under ISBN 978-620-7-44999-6.

Publisher:
Sciencia Scripts
is a trademark of
Dodo Books Indian Ocean Ltd. and OmniScriptum S.R.L publishing group

120 High Road, East Finchley, London, N2 9ED, United Kingdom
Str. Armeneasca 28/1, office 1, Chisinau MD-2012, Republic of Moldova, Europe
Printed at: see last page
ISBN: 978-620-8-28739-9

Conteúdo

DEDICAÇÃO 2
FICHA DE SÍNTESE 3
CAPÍTULO I 4
CAPÍTULO II 7
CAPÍTULO III 17
CAPÍTULO IV 29
CAPÍTULO V 42
CAPÍTULO VI 54
CAPÍTULO VII 81
CAPÍTULO VIII 86
GLOSSÁRIO 88
BIBLIOGRAFIA 90

DEDICAÇÃO

À minha querida mãe, pelo seu apoio incondicional, humildade e sacrifício.

À minha querida esposa Sandra, pelo apoio dado para tornar esta publicação em inglês uma realidade.

AGRADECIMENTOS

A Deus, por me ter dado a sua luz, por me ter salvo e perdoado tanto, por tudo o que me dá nesta bela vida.

Aos meus pais Luís e Teresa pelo amor que me dão, pelo seu esforço, pela sua vontade e exemplo de trabalho.

À minha querida esposa Sandra, por todo o seu amor, a sua paciência e todo o seu apoio incondicional.

Aos meus irmãos Fernando, Daniel, Álvaro e André por me terem acompanhado e apoiado em todos os momentos.

Aos professores, pelos seus conselhos e ensinamentos, que me tornaram uma pessoa preparada.

À Universidade por ter aberto as suas portas e me ter acolhido até à conclusão dos meus estudos.

E a todos os meus amigos que me ajudaram e apoiaram.

Muito obrigado!

FICHA DE SÍNTESE

Hoje em dia, o avanço da eletrónica digital com o aparecimento de novos e melhorados circuitos integrados, como os microcontroladores, permite-nos fazer desenhos mais eficientes, fiáveis, seguros, rápidos e económicos.

Este projeto surge da necessidade de se ter a conceção de uma central telefónica que responda às necessidades de comunicação interna exigidas pelas empresas do sector elétrico, empresas privadas ou outras que tenham caraterísticas próprias, tendo assim uma comunicação rápida e fiável, evitando a utilização de equipamentos importados, que por vezes não satisfazem as necessidades e outras têm um custo muito elevado.

O desenvolvimento deste projeto inclui as áreas de Microcontroladores e Telecomunicações, principalmente Telefonia.

Na área de Telecomunicações, são abordados temas específicos como: Conceitos de Telefonia, que ajudam a compreender esta área e o desenvolvimento da rede telefónica; Comutação Telefónica, onde são analisadas as partes que compõem uma central telefónica e o seu funcionamento.

O tópico Microcontroladores descreve os escolhidos e utilizados no projeto, bem como as suas vantagens em relação a outros sistemas baseados em microprocessadores.

Para a realização do projeto é feito um estudo detalhado de todos os circuitos básicos de um sistema de comutação telefónica e a sua adaptação a microcontroladores, obtendo-se no final o protótipo de um equipamento fiável, económico e seguro.

CAPÍTULO I

INTRODUÇÃO

1.1 DESCRIÇÃO DO PROJECTO

Este projeto nasce da necessidade de conceber uma central telefónica que responda às necessidades de comunicação interna exigidas pelas empresas do sector elétrico, empresas privadas ou outras que tenham caraterísticas próprias.
Assim, ter um sistema que proporcione uma comunicação rápida e fiável, evitando a utilização de equipamentos importados, que nem sempre satisfazem as necessidades e outros têm um custo muito elevado.
A obra começa com um estudo pormenorizado dos conceitos necessários de telefonia e dos circuitos básicos contidos no equipamento de comutação telefónica. Posteriormente, é analisada a forma de inter-relacionar estes circuitos com os microcontroladores para serem intervencionados por eles. Uma vez concebidas todas as partes do novo equipamento, estas são integradas para obter o sistema completo.

1.2 OBJECTIVOS

1.2.1 GERAL

Conceção e implementação de um sistema de comutação telefónica de baixa capacidade para comunicação interna em empresas diversas, zonas rurais ou outras áreas similares.

1.2.2 ESPECÍFICO

- Efetuar o estudo e a conceção dos circuitos que compõem um equipamento de comutação telefónica baseado em microcontroladores.
- Ter uma conceção de equipamento capaz de comunicar até dez assinantes e, pelo menos, dois assinantes.
- Programação dos microcontroladores utilizados para o controlo eficaz do equipamento.
- Para obter uma unidade escalável que, juntamente com dez outras unidades idênticas, possa comunicar um total de cem assinantes com um plano de numeração de dois dígitos.
- Poder comunicar um ou mais utilizadores com outro a partir de uma central telefónica pública.
- Ter um equipamento seguro, fiável, fácil de utilizar e de baixo custo.

1.3 JUSTIFICAÇÃO

Hoje em dia, ter uma equipa de comunicação tornou-se indispensável, especialmente nas empresas ou grandes empresas, onde existe uma grande rotatividade e uma necessidade premente de comunicação rápida e eficaz.
O objetivo é conceber um sistema de comutação específico de acordo com as

necessidades e o número de utilizadores, evitando despesas desnecessárias com a aquisição de equipamento importado que, muitas vezes, não corresponde às nossas necessidades.

Este equipamento pode também ser utilizado em zonas rurais muito remotas onde, devido a falhas do terreno e outros aspectos, só é possível ter algumas linhas telefónicas; cada uma destas linhas pode ser partilhada numa central telefónica, dando assim a possibilidade de acesso a uma linha externa a um maior número de utilizadores.

1.4 METODOLOGIA

Inicialmente, será desenvolvido tudo o que se relaciona com o enquadramento teórico, bem como aprofundar o conhecimento dos circuitos utilizados em telefonia, para os compreender e adaptar aos microcontroladores.

Posteriormente, é apresentado o processo seguido para a realização deste projeto, que se divide em várias etapas necessárias para a sua melhor compreensão e desenvolvimento.

1.4.1 ANÁLISE

Esta fase tem em conta todos os aspectos do estudo e da investigação necessários para conhecer as diferentes partes que constituirão o projeto:

- Efetuar um estudo de todos os requisitos a cobrir.
- Investigação de todos os circuitos necessários para o sistema de comutação.
- Estudo dos microcontroladores a utilizar e da sua programação, bem como da sua relação com os outros componentes do sistema.
- Estudo e análise das diferentes partes do sistema para a sua posterior integração num equipamento completo.
- Identificar todas as actividades envolvidas para cada parte do sistema.

1.4.2 CONCEPÇÃO

A partir da fase de análise, a estrutura interna do sistema será concebida, tendo em conta os seguintes aspectos:

- Conceber todos os circuitos a utilizar pelas secções do sistema.
- Conceber uma interface ou relacionar cada um dos circuitos com os microcontroladores a utilizar para serem intervencionados por eles.
- Conceção e desenvolvimento dos programas de controlo das placas principais e de linha nos seus respectivos microcontroladores.
- Conceber e simular protótipos das diferentes áreas do sistema, para posterior depuração e integração.

1.4.3 EXECUÇÃO

Aqui são construídos os circuitos protótipos descritos na fase de projeto, que se reflectem na placa principal ou central e na placa de linha, todos os estudos e técnicas analisados são traduzidos num equipamento que funciona corretamente e cumpre todos os requisitos estabelecidos.

1.4.4 ENSAIO E INSTALAÇÃO

No final da construção do sistema de comutação, é efectuado um estudo da sua eficiência, eficácia e fiabilidade, com base em testes de desempenho para verificar se cumpre os requisitos estabelecidos nas fases anteriores.

Se necessário, é efectuado um aumento e uma melhoria da programação dos microcontroladores; no final desta fase, é efectuada a instalação final da versão completa.

1.4.5 DOCUMENTAÇÃO

É importante documentar a informação tratada durante todo o processo de desenvolvimento do projeto, de modo a poder ter um suporte quando for necessário fazer modificações, manter o equipamento ou detetar e corrigir falhas.

Este documento fornece igualmente as bases necessárias para o início e o desenvolvimento de futuros projectos no vasto domínio das telecomunicações.

CAPÍTULO II

CONCEITOS DE TELEFONIA

2.1 INTRODUÇÃO

Atualmente, o sistema de telecomunicações mais difundido continua a ser o serviço telefónico, que permite aos utilizadores estabelecer e manter comunicações entre si diretamente, utilizando os recursos adequados.

Uma rede telefónica é constituída basicamente por aparelhos telefónicos, pela central telefónica local, também pelas centrais de trânsito e pelas linhas ou pares de cabos que ligam o aparelho à central.

As centrais telefónicas estão interligadas entre si para permitir a realização de chamadas telefónicas entre utilizadores de redes diferentes.

A figura 2.1 mostra um diagrama básico da relação entre os elementos de uma rede telefónica.

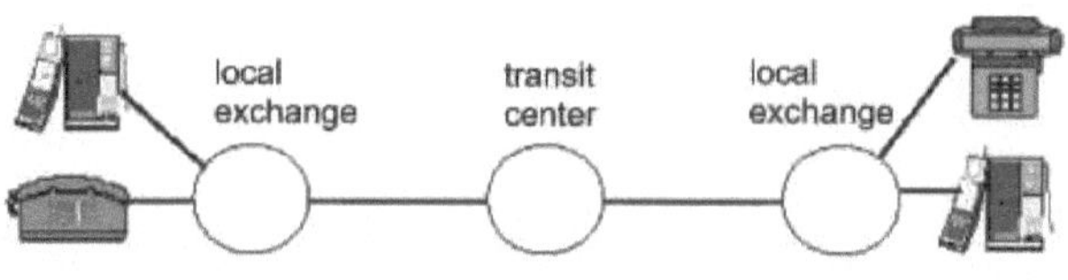

Fig. 2.1 Elementos básicos de uma rede telefónica.

2.1.1 IMPORTÂNCIA DAS TELECOMUNICAÇÕES

Não há dúvida de que um padrão de vida moderno cria um mercado que exige serviços. As telecomunicações são talvez o único serviço que pode ser prestado sem trazer ou minimizar problemas colaterais.

O sistema telefónico, no âmbito do serviço de telecomunicações, é aquele que, para além de satisfazer as necessidades exigidas por uma comercialização rápida, uma indústria eficiente e um elevado desenvolvimento social, é, por sua vez, responsável por um importante movimento comercial, industrial, técnico e social.

Estas facetas são muito benéficas para a economia de um país, mas são também essenciais para estabelecer as bases da segurança nacional.

2.2 O TELEFONE

Uma aplicação da eletricidade que teve um impacto extraordinário na vida quotidiana da sociedade moderna foi, sem dúvida, o telefone. O inventor deste aparelho foi o americano Alexander Graham Bell (1847-1922).

A ideia de Bell era inventar um aparelho que transformasse as ondas sonoras

emitidas quando se fala em variações de uma corrente eléctrica, e que a corrente assim gerada seguisse fielmente as variações produzidas pelo som, o recetor teria um aparelho que inverteria o processo.
Após várias tentativas com diferentes tipos de sistemas, Bell acabou por utilizar o que constitui a base dos microfones actuais.
Consiste numa membrana ligada a um diafragma (ver Fig. 2.2) que se pode deslocar horizontalmente, na extremidade direita do diafragma encontra-se um recipiente com grãos de carbono que oferecem resistência à passagem da corrente eléctrica.
O valor da resistência depende do grau de compressão dos grãos; se a membrana se deslocar para a direita, por exemplo, comprime os grãos, e a variação da densidade dos grãos varia a sua resistência.

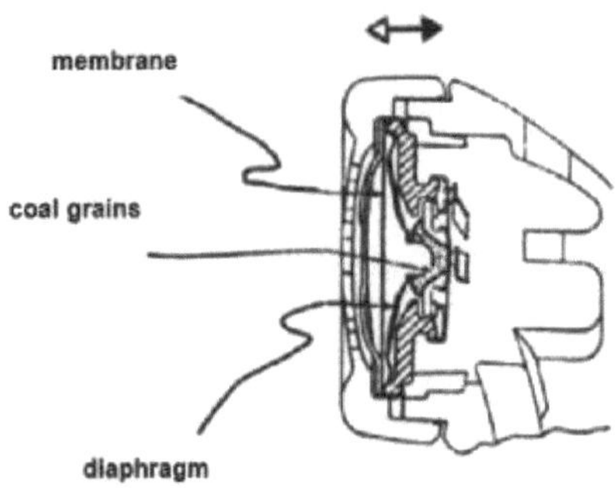

Fig. 2.2 Esquema do microfone inventado por Bell.

Para o recetor foi feito o seguinte: o fio através do qual a corrente eléctrica variável é transmitida é ligado a um eletroíman, a extremidade deste eletroíman (ver Fig. 2.3) é fixada por meio de uma patilha metálica a um diafragma.
A corrente variável magnetiza o eletroíman de forma variável e este, por sua vez, atrai a palheta de forma variável, seguindo sempre as variações do som original, o diafragma move-se e move o ar circundante criando um som.

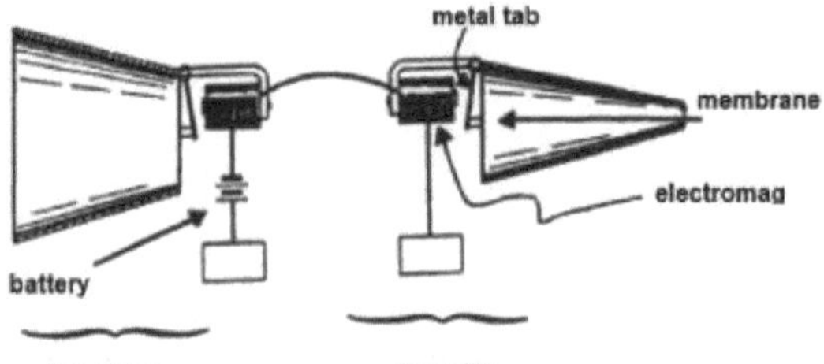

Fig. 2.3 Primeiro sistema telefónico.

Desta forma, foi construído o primeiro aparelho telefónico e os trabalhos de investigação científica e tecnológica para melhorar o sistema telefónico foram desenvolvidos num laboratório criado por Bell e por um grupo de pessoas que o apoiavam.

A primeira central telefónica foi instalada em 1878 em New Haven, Connecticut, EUA (Estados Unidos da América), com 21 assinantes. Bell apresentou o pedido de patente do telefone em 14 de fevereiro de 1876.

2.2.1 EVOLUÇÃO

Nos receptores dos telefones mais modernos, o íman tornou-se plano como uma moeda e o campo magnético que actuava sobre o diafragma de ferro era de maior intensidade e homogeneidade, os transmissores tinham um diafragma muito fino montado sob uma grelha perfurada.

Estes telefones, no centro do diafragma, tinham um pequeno recetáculo com grânulos de carbono, as ondas sonoras que passavam pela grelha faziam o recetáculo oscilar para trás e para a frente, no movimento descendente, os grânulos eram compactados e produziam um aumento da corrente que passava pelo emissor.

Uma vez que o transmissor de carbono não era prático na conversão de energia eléctrica em pressão sonora, os telefones evoluíram para separar os receptores dos transmissores, permitindo que o transmissor fosse colocado perto dos lábios para recolher o máximo de energia sonora e o recetor no auricular, eliminando o incómodo ruído de fundo.

Neste último, o recetor continuava a ser um íman permanente com um enrolamento de fio condutor, mas com um diafragma de alumínio ligado a uma peça metálica, os pormenores do design sofreram enormes melhorias, mas o conceito original continua a permitir equipamentos robustos e eficientes.

O equivalente elétrico do íman permanente é uma substância plástica chamada elétrodo. Tal como um íman produz um campo magnético permanente no espaço, um elétrodo gera um campo elétrico constante no espaço, tal como um condutor elétrico em movimento num campo magnético induz uma corrente, o movimento de um elétrodo num campo elétrico pode produzir uma alteração de tensão entre um elétrodo móvel e um elétrodo fixo no lado oposto do elétrodo.

Hoje em dia, os microfones de carbono foram substituídos pelos microfones de eletreto, que são mais pequenos e mais baratos, reproduzem melhor o som e são mais robustos do que os primeiros, a amplificação do sinal é conseguida através de circuitos electrónicos, o recetor é normalmente um altifalante de pequeno diâmetro, de diafragma ou de cone vibratório.

2.3 UNIDADES TELEFÓNICAS

2.3.1 ANEL

O alarme sonoro dos telefones é frequentemente designado por campainha, mas a criação de um substituto eletrónico para a campainha que pudesse gerar um som agradável e distinto a um custo razoável foi uma tarefa surpreendentemente árdua.

Para muitos, o som do toque ainda é preferível ao de uma campainha eletrónica, mas como o toque mecânico requer um certo volume físico para ser eficaz, a tendência para equipamentos mais pequenos obriga cada vez mais à utilização de alarmes electrónicos na maioria dos telefones.
A substituição progressiva do buzzer permitirá também alterar, num futuro próximo, o atual método de ativação do alarme, que consiste na aplicação de uma corrente alternada de 90 (V) e 20 (Hz) à linha, por técnicas de tensão mais baixa, mais compatíveis com os telefones transistorizados, algo semelhante ao que está a acontecer com o esquema de marcação telefónica.
O laço de assinante é implementado por dois fios, que são chamados ponta e anel, como mostra a Figura 2.4.

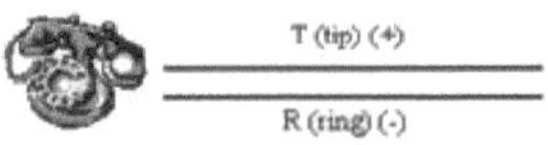

Fig. 2.4 Polaridade do par de fios do lacete de assinante.

2.3.2 MARCAÇÃO TELEFÓNICA

A marcação telefónica já sofreu muitos progressos ao longo da sua história. Existem duas formas de marcação, o pulso e a multifrequência ou tom

2.3.2.1 MARCAÇÃO POR IMPULSOS

O sistema de impulsos é baseado num disco marcador, o disco marcador tem um design mecânico muito engenhoso; consiste nos números 1 a 9 seguidos de 0, colocados num círculo sob os orifícios de um disco móvel e perfurado.
O dedo deve ser colocado no orifício correspondente ao número escolhido e o disco é rodado no sentido dos ponteiros do relógio até atingir o batente e, em seguida, o disco é libertado, uma mola força o disco a voltar à sua posição inicial e, à medida que roda, abre e fecha um interrutor elétrico tantas vezes quantas as que o disco roda, para marcar o número escolhido.
No caso do 0,10 são feitas aberturas, uma vez que é o último número do disco, o resultado é uma série de impulsos de chamada na corrente eléctrica que circula entre o aparelho telefónico e o painel de controlo.
Cada impulso tem uma amplitude igual à tensão fornecida pelo painel de controlo, normalmente cerca de 50 V, e dura cerca de 45 ms. O equipamento da central conta estes impulsos e determina o número a marcar.
Os impulsos eléctricos produzidos pelo disco rotativo eram ideais para controlar o equipamento de comutação passo a passo das primeiras estações de comutação automática, mas a marcação mecânica é uma importante fonte de custos de manutenção e o processo de marcação do disco é lento, especialmente para números longos.

2.3.2.2 MARCAÇÃO POR TOM

A disponibilidade de amplificação barata e fiável proporcionada pelo transístor tornou aconselhável a conceção de um sistema de marcação baseado na transmissão de tons de potência bastante pequena em vez de impulsos de alta potência.

Cada botão de um teclado multifrequência controla o envio de um par de tons, utilizando um esquema de codificação "2 de 7" em que o primeiro tom corresponde à linha de uma matriz normal de 12 botões e o segundo à coluna (ver Fig. 2.5).

Hoje em dia, a maioria dos telefones tem botões em vez de um disco de marcação, as centrais telefónicas modernas são concebidas para receber tons; no entanto, como durante muitos anos o sistema de impulsos era o único disponível e esses telefones ainda existem, as centrais ainda podem receber impulsos.

Uma vez que o utilizador que compra um telefone pode ter uma linha antiga que ainda não suporta sinais de multi-frequência, os telefones com botão de pressão têm um interrutor que permite selecionar o envio de impulsos ou tons.

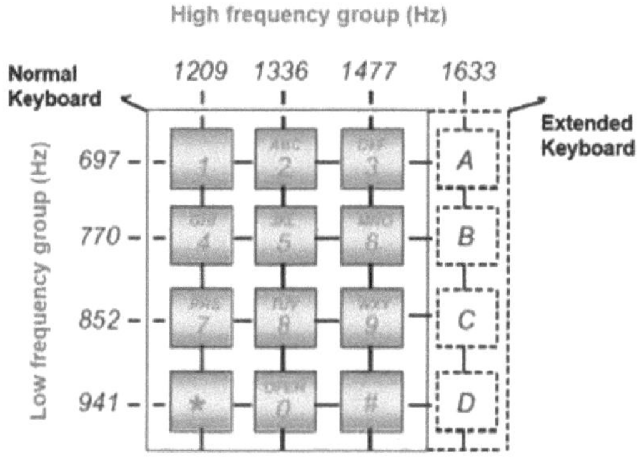

Fig 2.5 Marcação por tom.

2.3.3 CIRCUITO SUPRESSOR DE ECO

Há um elemento funcional importante do telefone que é invisível para o utilizador: o efeito local ou circuito de supressão de eco, as pessoas controlam o tom de voz quando falam e ajustam o volume em conformidade, um fenómeno chamado "efeito local".

Nos primeiros telefones, o recetor e o transmissor estavam ligados diretamente um ao outro e à linha, o que significava que o utilizador ouvia a sua própria voz através do recetor com muito mais intensidade do que quando este não estava ligado ao seu ouvido.

O som era muito mais alto do que o normal porque o microfone de carbono amplifica a energia sonora ao convertê-la de acústica em eléctrica, o que, além de ser desagradável, fazia com que o utilizador baixasse o volume da voz ao falar, dificultando a audição do recetor.

Os primeiros circuitos supressores continham um transformador juntamente com outros componentes cujas caraterísticas dependiam dos parâmetros eléctricos da

linha telefónica; o recetor e o emissor estavam ligados a diferentes "portas de circuito", neste caso diferentes enrolamentos de transformador, mas não um ao outro.
O circuito supressor transfere a energia do emissor para a linha, mas também para outros componentes, sem que nada passe para o recetor, eliminando assim a sensação de gritar no próprio ouvido. Atualmente, o emissor e o recetor estão isolados um do outro, separados por circuitos electrónicos que eliminam completamente o efeito local.

2.4 ESTRUTURA DA REDE TELEFÓNICA

Será apresentado o início e a evolução da rede telefónica, dando referência à história do seu desenvolvimento.

2.4.1 REDE INICIAL DIRECTA

Durante os primeiros anos da telefonia, a rede foi construída com base no princípio de ligar cada assinante a cada um dos outros assinantes da rede a ser servida, a ligação entre dois assinantes era feita por um par de condutores, sendo este circuito designado por anel de assinante, como mostra a figura 2.6.
Nessa rede, quando um assinante queria comunicar, tinha primeiro de acionar um seletor, fazer a chamada e depois estabelecer a comunicação.

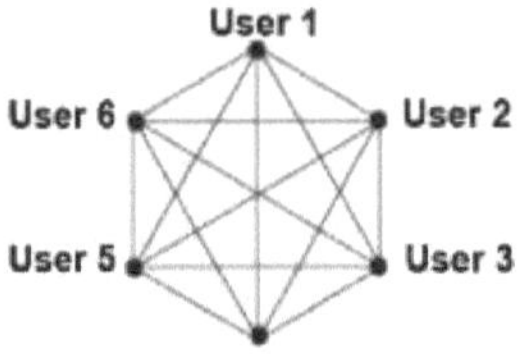

Fig. 2.6 Rede direta entre assinantes.
Uma bateria em cada telefone fornecia a alimentação de corrente contínua necessária, o que se designa por sistema de bateria local. Esta forma de rede ainda é utilizada em pequenos sistemas de comunicação, como escritórios e hotéis, mas tem as suas restrições, uma vez que o número de linhas está a aumentar drasticamente.
Para além de ser grande, este número de linhas perde eficiência, por exemplo, no caso de dez assinantes, podem ser feitas cinco ligações quando metade dos assinantes está a falar com a outra metade, obviamente que o método de ligação direta é impraticável e pouco económico, uma vez que neste caso são utilizados cinco pares de 45 fios.

2.4.2 REDES DE COMUTAÇÃO

Por conseguinte, foi necessário criar uma estrutura lógica em que cada assinante leva a sua linha para uma central comum que os concentra e onde é efectuada a comutação entre eles (ver figura 2.7).

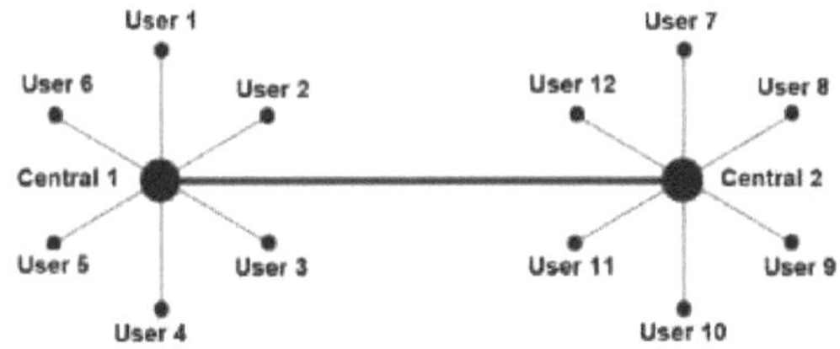

Fig. 2.7 As estações de comutação são apresentadas.

Inicialmente, estas centrais eram manuais, com operadores, e a tendência mundial tem sido a de passar para sistemas automáticos, transferindo assim parte do trabalho de seleção do assinante chamado.

Desta forma, grande parte das operações são realizadas por selectores electromecânicos, semi-electrónicos ou electrónicos, conseguindo-se assim um aumento da eficiência, da segurança e do benefício da privacidade nas telecomunicações.

O facto de ter concentrado as linhas num quadro elétrico proporciona várias vantagens, nomeadamente uma redução significativa do número de linhas de assinante através da racionalização do encaminhamento dos cabos, conseguindo assim uma poupança substancial de cobre, para além das vantagens construtivas e estéticas.

Ao deslocar os dispositivos de comutação do domicílio do utilizador para um escritório que os concentra, a eficiência do equipamento pode também ser aumentada, reduzindo os dispositivos de seleção, de sinalização e de alimentação. Da mesma forma, é possível implementar as linhas de ligação entre centrais.

2.5 VIAS DE TRANSMISSÃO

Os primeiros sistemas telefónicos utilizavam fios de aço ou de cobre para transmitir o sinal elétrico. No entanto, à medida que o volume de chamadas e a distância entre as centrais telefónicas aumentavam, tornou-se necessário utilizar outros meios de transmissão.

Os mais utilizados são o cabo coaxial e submarino, por rádio, micro-ondas ou satélite, e atualmente a fibra ótica.

A ligação entre as centrais telefónicas e os assinantes continua a ser feita através de um par de cabos de cobre para cada assinante; no entanto, em algumas grandes cidades, estes já começaram a ser substituídos por fibra ótica.

2.5.1 TELEFONIA POR ONDAS PORTADORAS

Utilizando frequências acima da gama da voz, que vai de 4.000 a vários milhões de ciclos por segundo ou Hz, podem ser transmitidas até 13.200 chamadas telefónicas simultaneamente através da mesma conduta (cabo coaxial, cabo submarino, micro-ondas...).

As técnicas de telefonia por ondas portadoras são também utilizadas para enviar mensagens telefónicas através de linhas de distribuição normais sem interferir com o serviço regular. Devido ao crescimento em tamanho e complexidade dos sistemas, são utilizados amplificadores de estado sólido chamados repetidores para amplificar o sinal em intervalos regulares.

2.5.2 CABO COAXIAL

O cabo coaxial que surgiu em 1936, utiliza uma série de condutores para suportar um grande número de circuitos, o cabo coaxial moderno é constituído por tubos de cobre de 0,95 cm. de diâmetro, cada um deles transporta, mesmo no centro do tubo, um fino fio de cobre ligado com discos de plástico isolantes separados uns dos outros cerca de 0,25 cm.

O tubo e o fio têm o mesmo centro, os tubos de cobre protegem o sinal transmitido de possíveis interferências eléctricas e evitam perdas de energia devido à radiação. Um cabo, constituído por 22 tubos coaxiais dispostos em anéis revestidos de polietileno e chumbo, pode transportar simultaneamente 132.000 conversas telefónicas.

2.5.3 CABOS SUBMARINOS

O serviço telefónico transoceânico foi introduzido comercialmente em 1927, utilizando a transmissão por rádio. No entanto, o problema da amplificação atrasou o desempenho do telefone até 1956, ano em que entrou em funcionamento o primeiro cabo telefónico submarino transoceânico do mundo, ligando a Terra Nova à Escócia, utilizando cabos coaxiais.

2.5.4 TELEFONIA POR MICROONDAS

Neste método de transmissão, as ondas de rádio na banda de frequência muito alta, denominadas micro-ondas, são utilizadas como portadoras dos sinais telefónicos e são transmitidas de estação para estação.

Uma vez que a transmissão por micro-ondas exige um caminho livre entre as estações emissoras e receptoras, a distância média entre as estações repetidoras é de cerca de 40 km, um canal de micro-ondas pode transmitir até 600 conversas telefónicas.

2.5.5 TELEFONIA POR SATÉLITE

Em 1969, foi concluída a primeira rede telefónica mundial baseada numa série de satélites em órbitas estacionárias a uma distância de 35.880 km da Terra, alimentados por células de energia solar.

As chamadas transmitidas a partir de uma antena terrestre são amplificadas no satélite e retransmitidas para estações terrestres distantes. A integração dos satélites e do equipamento terrestre permite encaminhar as chamadas entre continentes diferentes tão facilmente como entre locais muito próximos.

Graças à digitalização das transmissões, os satélites da série global INTELSAT podem retransmitir simultaneamente até 33.000 chamadas, bem como diferentes canais de televisão.

Um único satélite não seria adequado para uma chamada entre, por exemplo, Nova

Iorque e Hong Kong (isto deve-se à linha de visão que tem de existir entre o satélite e as antenas do emissor e do recetor), mas dois sim, mesmo tendo em conta o custo de um satélite, esta via é mais barata de instalar e manter por canal do que a via equivalente utilizando cabos coaxiais colocados no fundo do mar, pelo que, para longas distâncias, as ligações por satélite são utilizadas sempre que possível.

No entanto, os satélites têm uma grande desvantagem: devido à longa distância até ao satélite e à velocidade limitada das ondas de rádio, há um atraso apreciável nas respostas faladas, pelo que muitas chamadas só utilizam o satélite num sentido de transmissão e uma ligação terrestre por micro-ondas ou cabo coaxial no outro sentido.

Uma ligação bidirecional por satélite seria irritante para duas pessoas que conversassem entre Nova Iorque e Hong Kong, pois dificilmente poderiam fazer interrupções, o que é muito comum nas conversas, e seriam também afectadas pelo longo atraso de mais de um segundo na resposta da outra pessoa.

2.5.6 FIBRAS ÓPTICAS

Um dos grandes avanços nas comunicações tem sido a utilização de sinais digitais, na telefonia o sinal é digitalizado quando chega à central de comutação, a comunicação entre grandes centrais telefónicas é digital, reduzindo assim o ruído e a distorção, melhorando a qualidade e a capacidade.

Os cabos coaxiais estão a ser progressivamente substituídos por fibras ópticas de vidro, as mensagens são codificadas digitalmente em impulsos de luz que são transmitidos a longas distâncias.

Um cabo de fibra pode ter até 50 pares de fibras, e cada par suporta até 4.000 circuitos de voz. A base da nova tecnologia de fibra ótica é o laser que tira partido da região visível do espetro eletromagnético, onde as frequências são milhares de vezes superiores às da rádio, podendo assim transportar um volume muito maior de informação.

O díodo emissor de luz, um dispositivo mais simples, é também utilizado, uma vez que é adequado para a maioria das funções de transmissão.

Um cabo de fibra ótica, o TAT 8, transporta mais do dobro dos circuitos transatlânticos que existiam na década de 1980, fazendo parte de um sistema que se estende de Nova Jérsia a Inglaterra e França, podendo transmitir até 50 000 conversas de cada vez.

Este tipo de cabo serve também de canal para a transmissão de dados informáticos a alta velocidade, mais segura do que a efectuada por satélite. Outro importante avanço nas telecomunicações, o TAT 9, um cabo de fibra com muito maior capacidade, entrou em funcionamento em 1992 e pode transmitir simultaneamente 75.000 chamadas.

Atualmente, a maior parte das grandes cidades está ligada por uma combinação de ligações por micro-ondas, cabo coaxial, fibra ótica e satélite, dependendo a

capacidade de cada sistema da sua idade e do território coberto.
Esta capacidade em cada tipo de sistema tem vindo a aumentar significativamente desde a sua criação devido à melhoria contínua da engenharia.

2.6 TENDÊNCIAS TECNOLÓGICAS

A substituição dos cabos coaxiais transoceânicos por cabos de fibra ótica continua atualmente.
Os avanços na tecnologia dos circuitos integrados e dos semicondutores tornaram possível conceber e comercializar telefones e centrais telefónicas que não só produzem uma qualidade de voz de alta fidelidade, como também oferecem uma série de caraterísticas, tais como números armazenados, reencaminhamento de chamadas, chamadas multiutilizador, chamadas em espera e identificação do autor da chamada.
Tradicionalmente, o telefone tem sido utilizado para a transmissão de voz, mas está a ser cada vez mais utilizado para outros tipos de transmissões, podendo as imagens ser transmitidas por telefone através do fax.
Dois computadores podem comunicar entre si por telefone, utilizando um modem. Este tipo de comunicação está a tornar-se popular porque permite o acesso à Internet através de um simples modem ligado à linha telefónica.
Uma vez que as comunicações entre centrais telefónicas já estão praticamente digitalizadas, o futuro da telefonia incluirá a digitalização da ligação entre os utilizadores e as centrais através de fibras ópticas de baixo custo.
O sinal digital não sofre distorção ou ruído, utilizando fibra ótica local, a RDIS (Rede Digital de Serviços Integrados) permitirá o acesso direto a múltiplos serviços, como telefone, videofone, televisão digital ou comunicação de dados com um único conetor.

CAPÍTULO III

COMUTAÇÃO TELEFÓNICA

3.1 TECNOLOGIA DE COMUTAÇÃO

A rede telefónica tem uma configuração em estrela, os laços de utilizador terminam numa central, que completa as ligações de um laço local a outro, ou de um laço local a um tronco que termina noutra central.

A central telefónica é uma instalação do sistema de telecomunicações, através da qual se estabelece uma via de comunicação entre utilizadores, de acordo com a sua procura.

Com o comutador, as linhas de transmissão podem ser partilhadas entre vários utilizadores, o que torna a construção da rede telefónica mais económica.

3.1.1 DESENVOLVIMENTO DOS CENTROS DE COMUTAÇÃO

O escritório central ou centro de comutação passou por várias mudanças tecnológicas fundamentais; a Tabela 3.1 mostra essa evolução.

Sistema de comutação	Funcionamento
1878Funcionamento manual	*Manual*
1892 Passo a passo	*Eletromecânica*
Barra transversal de 1918	*Eletromecânica*
1960 ESS-1 1ª Geração	*Semi-eletrónica*
1972 ESS-2ª Geração	*Semi-eletrónica*
1976 ESS-3ª Geração	*Eletrónica, software*
1985-2005 RDSI,ATM, TCP/IP	*Eletrónica, software, comutação de pacotes*

Quadro 3.1 Evolução dos sistemas de comutação.

A primeira central telefónica comercial foi instalada em 1878, dois anos após a invenção do telefone em New Haven, e servia 21 aparelhos telefónicos.

Nas primeiras centrais telefónicas, as ligações entre os utilizadores eram efectuadas diretamente pelos operadores das centrais, o que era muito limitado, pois logo que o número de assinantes aumentava, o número de ligações era incontrolável, exigindo este sistema uma atenção constante por parte dos operadores.

3.1.1.1 SISTEMA ELECTROMECÂNICO

Os sistemas de comutação electromecânicos são muitas vezes designados por rotativos porque utilizam veios em rotação contínua: produzem a deslocação de elementos que procuram o número do utilizador chamador e selecionam o número do utilizador a chamar.

No sistema passo-a-passo, a inteligência do sistema estava localizada nos relés

montados em cada interrutor, o próprio interrutor respondia aos impulsos do mostrador.
Este equipamento inicial forma as redes comutadas por circuitos, em que o caminho de comunicação é fixo ou dedicado e não é partilhado com outros utilizadores.

3.1.1.2 SISTEMA DE TRAVESSAS

O sistema Crossbar ou barra transversal continuava a ser de natureza eletromecânica, mas a inteligência do sistema estava separada do comutador, este controlo comum podia ser utilizado para preparar e ligar chamadas repetidamente e nunca ficar livre, o aspeto físico é apresentado na Figura 3.1.

Fig. 3.1 Interruptor do tipo barra transversal.

Nos sistemas de barramentos cruzados, a ligação entre os dois utilizadores é feita pelo cruzamento de contactos acionados por barramentos dispostos sob a forma de uma malha, ou seja, cruzados.
Quando a eletrónica chegou, o painel de controlo eletromecânico comum foi substituído por circuitos electrónicos e a rede, ou matriz, foi normalmente substituída por pequenos interruptores encapsulados em vidro, sendo que apenas uma parte do interrutor era eletrónica.
Na geração seguinte, a operação do programa armazenado num computador digital foi aplicada ao comutador, embora a rede continuasse a ser um arranjo complexo de comutadores.

3.1.1.3 SISTEMAS DIGITAIS

O computador começou a ser utilizado em sistemas de comutação automática para executar tarefas de inteligência e controlo de sistemas de travessas, mais tarde foi utilizado software especializado em estações de comutação automática, sendo todas as funções executadas por tecnologia digital.
Esta nova geração de sistemas de comutação, designados por centrais digitais, requer menos espaço para o mesmo número de utilizadores e pode fornecer-lhes um grande número de serviços.
Nestes sistemas, hoje em dia, o percurso da conversação já não é um circuito elétrico contínuo; a voz é digitalizada em rajadas de Is e Os, já não utilizando

qualquer percurso elétrico através de um comutador, na verdade a operação é no domínio digital.

É aqui que se formam as redes de comutação de pacotes, onde a ligação se torna lógica, a informação transmitida, quer seja voz ou dados digitalizados, não é enviada em tempo real, uma vez que é armazenada num computador que a envia em pacotes, neste caso o canal é mais eficaz uma vez que é partilhado.

3.1.1.4 QUADROS PRIVADOS

As diferentes tecnologias de comutação automática foram igualmente aplicadas a equipamentos de comutação de menor dimensão, os mini-quadros de distribuição utilizados para ligar escritórios e unidades de escritório em empresas, hotéis, hospitais, etc.

Existem outros tipos diferentes de ligação e, atualmente, podem ser encontrados em vários tipos de aplicações:

- Verificadores de cartões de crédito.
- Máquinas ATM.
- Internet e outros.

3.2 ELEMENTOS DE UM QUADRO ELÉCTRICO

O conjunto de componentes de uma central de comutação divide-se em duas partes distintas, designadas por rede de ligação e unidade de controlo.

3.2.1 LIGAÇÃO DE REDE

A rede de ligação compreende o conjunto de órgãos e circuitos que constituem o suporte físico da comunicação, nesta rede os assinantes e as ligações estão ligados entre si.

Os assinantes são ligados à rede de ligação através do seu equipamento de linha correspondente, uma vez que existe um equipamento individual para cada assinante, cuja principal missão é detetar o desligamento do assinante.

A rede de ligação suporta fisicamente as ligações adequadas para estabelecer uma chamada de qualquer tipo, através desta rede é estabelecido um caminho para uma saída livre na direção desejada.

Este é o chamado percurso de conversação e é definido por um certo número de pontos de cruzamento na rede, sendo cada ponto de cruzamento uma ligação individual.

O percurso de conversação não é único, uma vez que entre dois pontos da planta existem muitos percursos diferentes, definidos por diferentes pontos de passagem que os podem ligar.

3.2.2 UNIDADE DE CONTROLO

Embora a comunicação seja estabelecida fisicamente através da rede de ligação, as funções mais inteligentes, como a determinação dos pontos de cruzamento a efetuar para uma determinada chamada, são executadas pela unidade de controlo.

Esta unidade determina quais os pontos de passagem que serão efectuados de acordo com:

a.- A informação externa ao painel de controlo, ao receber a figuras marcadas.

b.- As informações internas recebidas pela fábrica sobre a ocupação do pontos de passagem.

Em virtude desta informação, a unidade de controlo elabora comandos para os elementos da rede de ligação, fazendo e/ou desfazendo pontos de cruzamento, o que determina quais são os caminhos de conversação para cada chamada.

Esta unidade de controlo desempenha muitas funções adicionais, tais como

- Ligar o utilizador a uma central externa no caso de uma chamada de longa distância.
- Detetar se o assinante chamado está ocupado.
- Gerar os diferentes tipos de tons para o utilizador.

3.2.3 REDE DE LIGAÇÃO VERSUS UNIDADE DE CONTROLO

Os componentes da rede de ligação e da unidade de controlo diferem fundamentalmente em termos de complexidade e de número.

Uma vez que os órgãos da unidade de controlo devem tomar decisões inteligentes, são mais complexos e sofisticados do que os órgãos da rede de ligação.

Quanto ao número de elementos, é maior na rede de ligação, porque os órgãos e circuitos da unidade de controlo só têm de estar presentes durante o estabelecimento e, em alguns sistemas, durante a sua libertação.

Depois de estabelecida a chamada, o órgão da central é libertado e passa a atender outra chamada, mas os órgãos da rede de ligação devem estar ocupados durante toda a comunicação.

Isto significa que os componentes da rede são ocupados durante mais tempo do que os da unidade de controlo e têm de ser concebidos em maior número.

3.2.4 FASES DA LIGAÇÃO DE REDE

Os assinantes estão ligados diretamente à entrada da fase de concentração, como mostra a Fig. 3.2, mas o número de circuitos à saída da concentração é muito inferior ao número de assinantes.

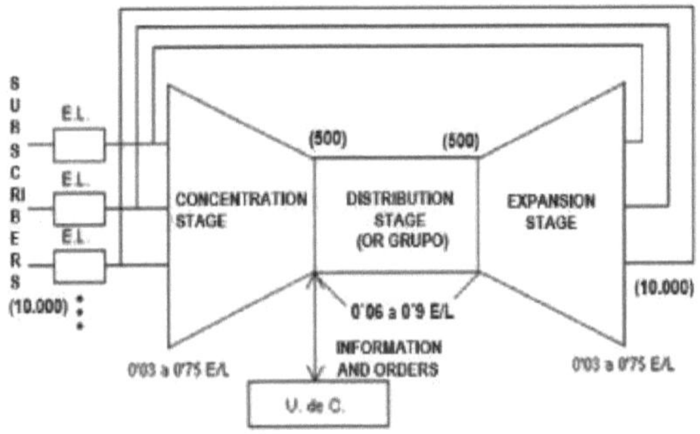

Fig. 3.2 Etapas da rede de ligação.

O aparelho de distribuição é concebido da seguinte forma:

- Cada assinante possui um equipamento individual, único e exclusivo para si, denominado equipamento de linha, que será capaz de detetar o desligamento do gancho, individualmente para cada assinante.
- O equipamento de linha está ligado à entrada do estádio de concentração, e todo o equipamento de linha tem acesso a um número inferior de órgãos e circuitos, localizados no final do estádio de concentração.

O índice de concentração é definido como o rácio entre o número de entradas e o número de saídas do estádio de concentração; na figura 3.2, seria de 20:1.

A fase de concentração permite economizar no número de circuitos, mas não permite que todos os assinantes comuniquem simultaneamente; o número de circuitos disponíveis à saída é obtido através de cálculos estatísticos de tráfego e permite atingir um nível de serviço aceitável.

O grau de serviço é o número de chamadas que se aceita perder em cada 100, devido à falta de circuitos livres; só é considerado o caso de congestionamento e não o caso de circuitos defeituosos.

A concentração aumenta a taxa de tráfego nos circuitos de saída em relação aos circuitos de entrada, a intensidade do tráfego permanece a mesma, mas a taxa aumenta.

Os valores típicos do rácio de tráfego (o tempo total que o utilizador mantém o seu telefone ocupado) por linha de assinante são de 0,03 a 0,05 por equipamento de linha, o que significa que os telefones estão ocupados de 3% a 5% do tempo.

Os valores típicos do coeficiente de tráfego por circuito de saída (o tempo total gasto pelos circuitos da etapa de distribuição na central) são de 0,6 a 0,9, ou seja, cada circuito é gasto entre 60 e 90% do tempo.

A fase de distribuição tem o mesmo número de entradas e saídas, e a sua existência justifica-se por razões de melhoria da acessibilidade entre órgãos e circuitos da rede de ligação.

Não faz sentido definir uma taxa de distribuição, a taxa de tráfego mantém-se constante na fase de distribuição, na sua entrada é de 0,6 a 0,9 e na sua saída será também de 0,6 a 0,9.

A fase de expansão tem menos entradas do que saídas; as entradas da fase de expansão são as saídas da fase de distribuição; e as saídas são os assinantes, que são os mesmos que as entradas da fase de concentração.

A sua existência justifica-se porque a comunicação deve poder terminar em todos e cada um dos subscritores, o índice de expansão é o quociente entre o número das suas entradas e o número das suas saídas, no nosso esquema da figura 3.2é 1:2

Nesta fase, a taxa dos circuitos de entrada é a mesma que a dos circuitos de saída da fase de distribuição, de 0,6 a 0,9, a taxa dos circuitos de saída é de 0,03 a 0,05.

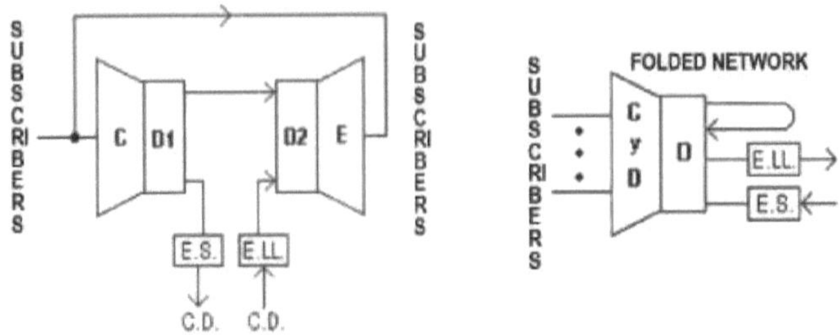

Fig. 3.3 Equivalentes de uma rede de ligação dobrada.

Há sistemas de comutação que têm uma rede de ligação dobrada, o que significa que as fases de concentração e de expansão são constituídas pelos mesmos órgãos; neste caso, a fase de expansão é sobreposta à fase de concentração, como mostra a Fig. 3.3.

Nas centrais de trânsito, a fase predominante é a fase de distribuição, embora existam também pequenas fases de expansão e concentração, como mostra a figura 3.4.

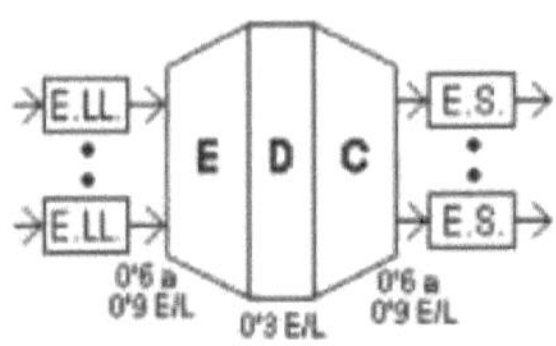

Fig. 3.4 Etapas de um centro de controlo de trânsito.

3.3 COMUTAÇÃO ESPACIAL

A rede de ligação de uma central é dita analógica quando comuta sinais analógicos e digital quando comuta sinais digitais, o sinal transmitido através da linha de assinante é um sinal de voz elétrico analógico.

Quando um sistema de comutação dispõe de uma rede de ligação analógica, comuta o sinal que recebe do assinante ou da ligação sem o submeter previamente a qualquer tipo de modulação; o canal de telefonia vocal é comutado a baixa frequência.

Nesse caso, só pode ser estabelecida uma única comunicação através de um caminho físico da rede de ligação.

Cada trajetória física é materializada por um conjunto de pontos de passagem, que devem ser obrigatoriamente distintos e em caso algum partilhados com outras trajectórias.

O que diferencia um caminho de outro é a sua posição no espaço, pelo que este tipo de comutação é designado por COMUTAÇÃO ESPACIAL.

Toda a comutação analógica é sempre uma comutação espacial. Mas uma comutação espacial pode ser analógica ou digital.

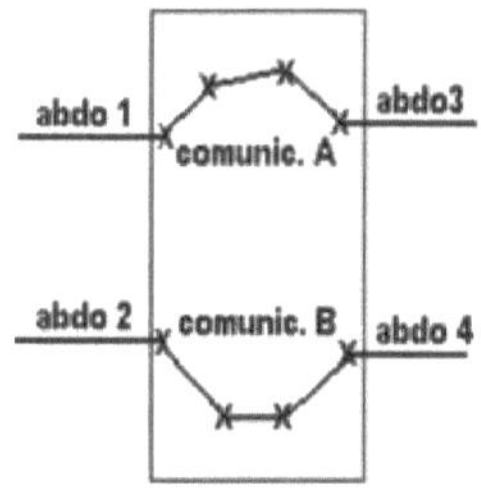

Fig. 3.5 Comutação espacial.

Os pontos de cruzamento de uma rede de ligação analógico-espacial são designados por pontos de cruzamento espaciais e são efectuados com comutadores espaciais e multiswitches.

As comunicações, uma vez estabelecidas, não sofrem qualquer atraso devido à comutação, a tecnologia a utilizar para construir uma rede de ligação analógica pode ser eletromecânica ou eletrónica, na prática são mais electromecânicas.

3.4 COMUTAÇÃO TEMPORÁRIA.

Existem redes de ligação que comutam sinais de acordo com a técnica de Modulação por Código de Impulso (MIC). Uma vez que a técnica MIC é uma técnica digital, uma rede de ligação que pode comutar sinais MIC é uma rede de ligação digital.

O sinal MIC é o resultado da combinação das fases de amostragem, quantização e codificação com uma técnica de multiplexagem por divisão do tempo (TDM). A técnica MIC converte os sinais analógicos de frequência de voz em sinais numéricos e efectua a operação inversa na extremidade distante.

O TDM permite aproveitar o espaço entre 2 amostras consecutivas do mesmo canal, para introduzir amostras de outros canais, podendo assim comutar vários canais no mesmo percurso físico de uma forma praticamente simultânea.

As entradas e saídas da rede de ligação serão quadros MIC com os seus canais correspondentes.

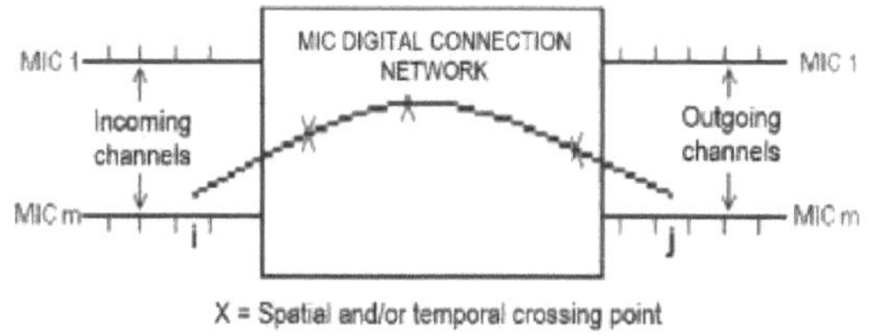

Fig. 3.6 Comutação temporária.

A missão fundamental da rede de ligação é transferir um conjunto de bits pertencentes a uma faixa horária i de um multiplex n para uma faixa horáriaj de um multiplex m (ver figura 3.6), sendo de notar que cada multiplex MIC é um circuito fisicamente separado dos outros multiplexes e suportado por condutores diferentes dos que suportam os outros multiplexes.

Em cada um dos multiplexes MIC existe um conjunto de 30 canais úteis que serão utilizados para enviar informações de voz sobre um assinante ou uma ligação, sendo de notar que o sinal será enviado para um assinante ou uma ligação.

A MIC é um comboio de impulsos que transporta informação de forma unidirecional, pelo que, como a comunicação tem de ser bidirecional, temos de fazer outra ligação completa na direção oposta, também através da rede digital.

Qualquer caminho físico através da rede de ligação pode ser partilhado por várias comunicações diferentes em simultâneo.

As operações que podem ser realizadas numa rede de ligação digital são:

1,- Operação de comutação espacial

O MIC é alterado, mas não o tempo do canal, é realizado por comutadores espaciais e multiswitches ou S-stage.

2,- Operação de comutação temporária.

O tempo do canal é alterado, mas não o MIC, o que é feito por interruptores e multiswitches ou estágios T.

3,- Operação de comutação espaço-temporal.

É efectuada pelos comutadores espácio-temporais ou fases ST, tanto o tempo do canal como o MIC são alterados.

Estes tipos de operação podem ser vistos na ilustração da Fig. 3.7.

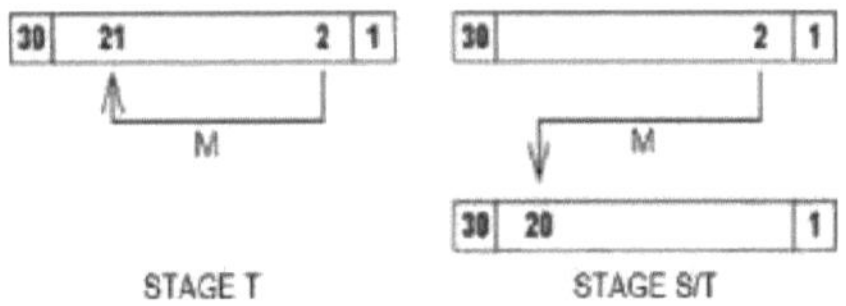

Fig. 3.7 Funcionamento de uma rede de ligação digital.

Nos comutadores de tempo, é necessária uma memória intermédia para armazenar os 8 bits do canal até serem entregues na nova faixa horária atribuída ao canal.

A comutação temporal não é instantânea e é responsável pelo facto de, nas redes de ligação digital MIC, ser introduzido um atraso nos sinais, intrínseco à comutação.

Uma vez que os tempos de funcionamento de uma rede de ligação digital são da ordem dos microssegundos, a tecnologia utilizada para o seu fabrico deve ser totalmente eletrónica.

3.5 FUNÇÕES BÁSICAS DE UM EQUIPAMENTO DE COMUTAÇÃO

As funções básicas de qualquer sistema de comutação junto ao aparelho telefónico são as seguintes

- Solicita automaticamente a utilização da linha telefónica quando o utilizador atende.
- Indica ao utilizador que o sistema está pronto a ser utilizado quando o

utilizador recebe o tom de marcação.

- Envia para o sistema ou central o número de telefone a ser chamado, através de impulsos ou tons.
- Indica ao utilizador o estado da sua chamada, enviando ou recebendo diferentes tons de sinalização.
- Indica que está a ser recebida uma chamada através do tom de toque.
- Converte a voz em sinais eléctricos para que possa ser transmitida e converte os sinais eléctricos em voz para que possa ser ouvida.
- Ajusta-se automaticamente às alterações da potência fornecida pelo sistema.
- Indica ao sistema que a chamada terminou quando o utilizador desliga.

3.6 FUNCIONAMENTO DE UMA REDE DE COMUTAÇÃO TELEFÓNICA

A rede telefónica foi criada cerca de 70 anos antes da invenção do transístor, o que nos obriga a compreender a forma como os computadores e as suas interfaces interagem com a rede, bem como os primeiros telefones que nela funcionavam, pois na sua evolução a rede pretendia ser compatível com os primeiros aparelhos. Esta é uma das grandes vantagens da rede telefónica atual, que torna a sua manutenção mais difícil, uma vez que qualquer novo equipamento concebido tem de ser compatível com ela.

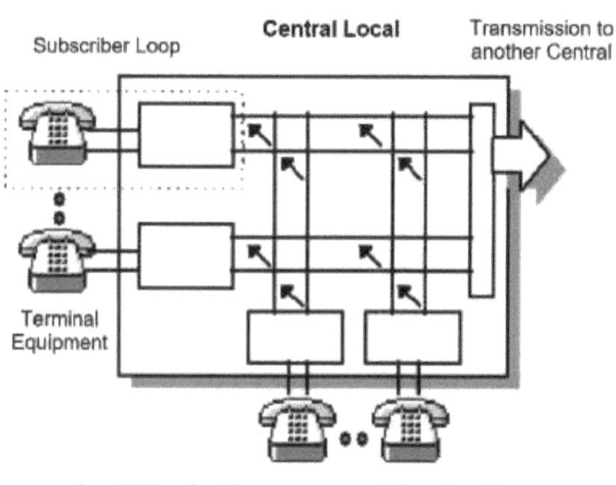

Fig. 3.8 Diagrama simplificado de uma central local e dos seus assinantes.

A conceção dos equipamentos a ligar à rede telefónica é atualmente uma tarefa difícil, apesar da sua magnitude e complexidade, cumpre tarefas simples para o utilizador; partindo de um par de terminais a que o assinante se liga, estes cabos chegam a uma central telefónica, que interage com o assinante para estabelecer uma conversação com outro utilizador através de uma matriz de comutação, ver Fig.3.8.

Existe comunicação entre centrais através dos troncos após compressão de voz e multiplexagem em tempo ou frequência, mas de momento vamos concentrar-nos no equipamento terminal e na forma como este interage com a central telefónica.

Na central telefónica existem baterias de 48 V DC, que alimentam os equipamentos terminais a ela ligados; dependendo da distância entre o assinante e a central, bem como da sua

a impedância DC da linha pode variar entre 400 e 1750 Q, por outro lado, a impedância AC é de cerca de 600 Q, o que corresponde à impedância caraterística de um cabo de dois fios normalmente utilizado em telefonia.

Quando o telefone está desligado, a impedância do equipamento terminal é elevada, não drenando corrente das baterias da central; quando o telefone é retirado do gancho, começa a circular corrente, dependendo do consumo do equipamento terminal para alimentar os seus circuitos internos, desta forma a central detecta que o utilizador deseja comunicar e envia um sinal ou tom de 350 a 440 Hz, a um nível de 13 dBm de convite à marcação.

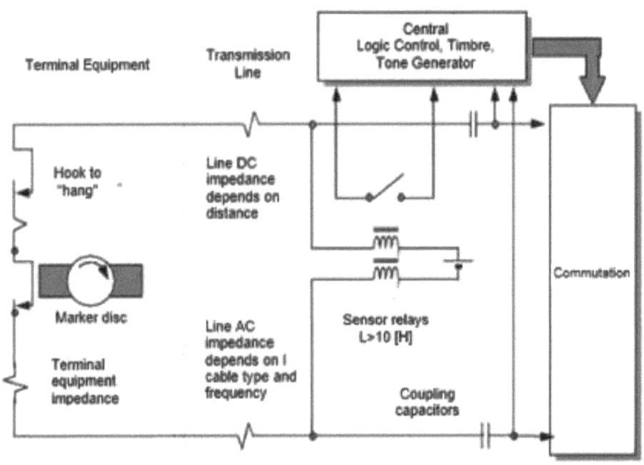

Fig. 3.9 Diagrama simplificado de um lacete de assinante.

Para comunicar com outro utilizador, são marcados os números correspondentes ao código desse utilizador, para o que o telefone abre o circuito ou laço de forma intermitente, ver Fig. 3.9, fazendo com que a central telefónica o interprete, estabelecendo uma ligação com o assinante de destino, o que se designa por marcação decádica.

Dependendo do número marcado, o PBX liga-se a outros PBXs ou diretamente ao assinante se partilharem o mesmo PBX. Assim, o PBX ligado ao assinante de destino verifica se este está desocupado, se o telefone estiver ocupado apresentará baixa impedância e o PBX enviará um tom de ocupado ao assinante de origem, entre 480 e 620 Hz, a -24 dBm.

Para avisar o assinante de destino, a central sobrepõe uma tensão alternada de 40 a 130 Vrms, 25 Hz, à alimentação desse assinante; é isto que faz soar o sinal sonoro.

Quando o assinante recetor atende, a corrente drenada pelo laço de assinante muda, esta mudança é detectada pela central por meio de um relé sensor, ver Fig. 3.9, que suspende o sinal de toque e inicia a ligação com o assinante chamador.

Verifica-se então que esta comunicação entre o assinante e a central telefónica é como uma conversa que visa estabelecer, esta conversa é conhecida como sinalização e o endereço, codificação ou número de telefone de destino.

Quando o telefone é público, também chamado de porta-moedas ou porta-cartões, necessita de uma sinalização adicional, conhecida como pulso de cobrança, este pulso é enviado pela central e por cada pulso, o telefone público efectua uma cobrança, ou seja, é descontado um determinado valor em Bs. do cartão ou das moedas inseridas.

A tecnologia atual substituiu o sistema de interrupções consecutivas para marcar um número de telefone pelo sistema de multifrequência ou DTMF (Dual Tone Multi Frequency), ou seja: são enviados dois tons que a central descodifica através de filtros especiais, sabendo instantaneamente qual o dígito marcado, este sistema supera o sistema decádico porque não é necessário esperar tanto tempo para que a central detecte tantas interrupções, de acordo com o número marcado.

Este sistema foi possível graças ao desenvolvimento de circuitos integrados que geram estes tons a partir do equipamento terminal, consumindo pouca corrente da rede e substituindo o sistema mecânico de ligação de interrupções (o antiquado disco de marcação), bem como os relés e os interruptores de barra transversal.

Foi desenvolvido um modelo para simular a central telefónica e a linha de assinante, que é mostrado na Fig. 3.10, os componentes estão na sua maioria em pares para evitar o ruído de modo comum, a seguir detalha-se o que cada elemento do circuito simula.

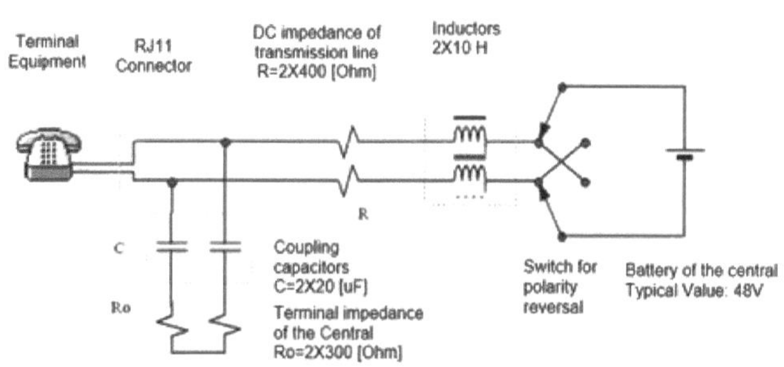

Fig. 3.10 Simulador de laço assinante-centro.

A tensão de 48 Vdc é a bateria da central e pode ter valores entre 42 e 56 V, a mudança de polaridade é utilizada em alguns países como o Reino Unido para sinalização de carregamento de telefones públicos, os indutores correspondem aos relés do sensor on-hook-off-hook do assinante, as resistências simulam a distância a que a central se encontra do assinante ou do assinante, a maior distância suportada no loop de assinante sem deterioração da qualidade de voz e sinalização é de quase 4 km.

Os condensadores de acoplamento eliminam a componente DC da bateria da central de leitura em Ro do sinal transmitido pelo assinante, esta impedância deve corresponder à impedância caraterística da linha de transmissão para frequências de voz, um valor aproximado é 2x300 Q como se pode ver na Figura 3.10 para uma gama de frequências entre 300 Hz e 3400 Hz.

CAPÍTULO IV

MICROCONTROLADOR

4.1 INTRODUÇÃO

Desde a invenção do circuito integrado, o desenvolvimento constante da eletrónica digital conduziu a dispositivos cada vez mais complexos, incluindo microprocessadores e microcontroladores, que são essenciais na engenharia eletrónica.

É vital que os projectistas de aplicações de controlo seleccionem os dispositivos mais adequados, uma vez que a maioria dos produtos de controlo incorporados tem de cumprir requisitos especiais: eficiência, baixo custo, baixa potência e um elevado nível de integração do sistema.

Para aplicações simples, são preferíveis soluções que não exijam o desenvolvimento de software, uma vez que a programação consome muito tempo e é mais razoável realizar as tarefas em hardware; no entanto, à medida que a complexidade do sistema aumenta, aumentam as vantagens da utilização de sistemas programáveis.

Uma das principais vantagens dos sistemas programáveis é a sua flexibilidade, que permite atualizar o funcionamento de um sistema através de uma simples alteração do programa, sem necessidade de redesenhar o hardware.

4.1.1 CONCEITO DE MICROCONTROLADOR

O microcontrolador é um circuito integrado que contém todos os componentes de um computador, o seu tamanho reduzido minimiza o número de componentes e o custo.

É utilizado para controlar o funcionamento de uma tarefa específica e, devido ao seu pequeno tamanho, é normalmente incorporado no próprio dispositivo, sendo esta última caraterística que lhe dá o nome de controlador incorporado.

É um computador dedicado, na sua memória reside apenas um programa concebido para governar uma determinada aplicação; as suas linhas de entrada/saída suportam a ligação de sensores e actuadores do dispositivo a controlar, uma vez programado e configurado o microcontrolador serve apenas para governar a tarefa atribuída.

Um microcontrolador é um computador completo, embora de desempenho limitado, que está contido numa pastilha de circuito integrado e foi concebido para gerir uma única tarefa. O número de produtos que funcionam com base num ou mais microcontroladores aumenta exponencialmente, quase todos os periféricos de computador são controlados por um programa de microcontrolador.

Os produtos da linha branca (máquinas de lavar roupa, fornos, etc.) e da linha castanha (televisores, vídeos, aparelhagens de som, etc.) incorporam numerosos microcontroladores e os sistemas de controlo, vigilância e alarme dos edifícios utilizam estes chips para otimizar o desempenho dos elevadores, do aquecimento, dos alarmes de incêndio e de roubo, etc.

Oferecem uma solução prática para muitos problemas em vários domínios, tais como:

- Periféricos de computador e dispositivos auxiliares.
- Electrodomésticos.
- Dispositivos portáteis e de bolso (cartões, carteiras, telefones, etc.).
- Máquinas de venda automática e loja de brinquedos.
- Instrumentação.
- Indústria automóvel.
- Controlo industrial e robótica.
- Electromedicina.
- Sistema de navegação espacial.
- Sistemas de segurança e de alarme.
- Domótica em geral.

4.1.2 DIFERENÇA ENTRE MICROCONTROLADOR E MICROPROCESSADOR

O microprocessador é um circuito integrado que contém a unidade central de processamento CPU, também designada por processador de um computador, à qual estão ligados módulos de memória e de entrada/saída para configurar um computador implementado por vários circuitos integrados.

Um microprocessador é um sistema **aberto** (configuração variável) que pode ser utilizado para construir um computador com as caraterísticas desejadas, ligando os módulos necessários.

Um microcontrolador é um sistema **fechado** que contém um computador completo, com caraterísticas limitadas, que não pode ser modificado.

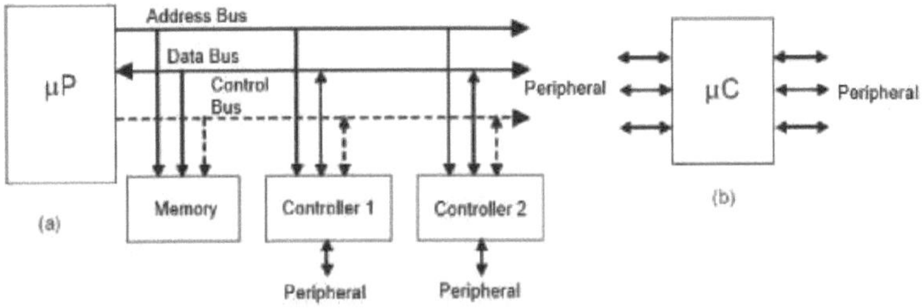

Fig. 4.1 a) Sistema baseado em microprocessador, b) Microcontrolador.

A decisão de construir o sistema com o microprocessador ou de utilizar diretamente o microcontrolador dependerá da economia. Se o pC estiver limitado pela sua própria CPU, é necessário escolher um pP potente e adicionar os buffers, drivers, descodificadores, memórias, etc. relevantes; geralmente, a menos que a aplicação exija um elevado desempenho, o pC será uma solução válida com a vantagem de reduzir o espaço e o hardware.

4.1.3 FABRICANTES

A maioria dos fabricantes de circuitos integrados tem a sua própria linha de microcontroladores; os fabricantes mais importantes estão listados no Quadro 4.1.

Fabricante	Modelos de μC
Fabricante	Modelo de μC
INTEL	8048, 8051, 80C196, 80186, 80188, 80386EX
MOTOROLA	6805, 68HC11, 68HC12, 68HC16, 683XX
HITACHI	HD64180
PHILIPS	Gama completa de códigos do 8051
SGS-THOMSON	ST-62XX
MICROCHIP	PICs
SEMICONDUTOR NACIONAL	COP400, COP800
ZILOG	Z8, Z86XX
INSTRUMENTOS DO TEXAS	TMS370
TOSHIBA	68HC11

Tabela 4.1 Alguns fabricantes de pCs com os seus modelos mais populares.

Cada fabricante de microcontroladores oferece um grande número de modelos diferentes, dos mais simples aos mais potentes, de modo a que seja possível selecionar a capacidade de memória, o número de linhas de E/S, o número e a potência dos elementos auxiliares, a velocidade de funcionamento, etc.

A Intel é considerada o pai dos microcontroladores e o 8048 é considerado o primeiro microcontrolador de 8 bits, fabricado pela Intel na década de 1970.

Outra das principais empresas de dispositivos programáveis do mundo é a Motorola, que possui o poderoso microcontrolador 68HC11.

Os microcontroladores PIC (Peripheral Interface Controller) da empresa americana Microchip são cada vez mais utilizados atualmente devido ao seu baixo consumo de energia, baixo custo, tamanho reduzido, facilidade de utilização e abundância de informações e ferramentas de apoio.

4.2 ARQUITECTURA INTERNA DE UM MICROCONTROLADOR

Um microcontrolador tem todos os componentes de um computador, mas com caraterísticas fixas que não podem ser alteradas.

As partes principais são:

- Processador ou Unidade Central de Processamento CPU.
- Memória não volátil para conter o programa.
- Memória de leitura e escrita para armazenamento de dados.
- Linhas de E/S para periféricos (comunicação série, paralela, etc.).
- Recursos auxiliares:

- Circuito de relógio.
- Temporizadores.
- Cão de guarda.
- Conversores A/D e D/A.
- Comparadores analógicos.
- Proteção contra falhas de energia.

- Estado de inatividade de baixo consumo.

A comunicação entre as secções principais de um sistema informático (baseado em microcontroladores ou microprocessadores) é feita através de vários barramentos. Um barramento é composto por linhas de dados paralelas que permitem que a informação flua num ou em ambos os sentidos.

A Fig. 4.2 mostra a estrutura de barramentos de um sistema típico com três barramentos:

BUS DE DADOS. É utilizado para transferir dados, o número de linhas deste barramento é igual ao comprimento da palavra do dispositivo.

BUS DE ENDEREÇO. O número de linhas deste barramento determina o número de localizações de memória que o processador pode especificar; um barramento de endereços de 8 linhas será capaz de posicionar apenas 256 endereços.

BUS DE CONTROLO. O processador utiliza as linhas do barramento de controlo para sincronizar operações com componentes externos.

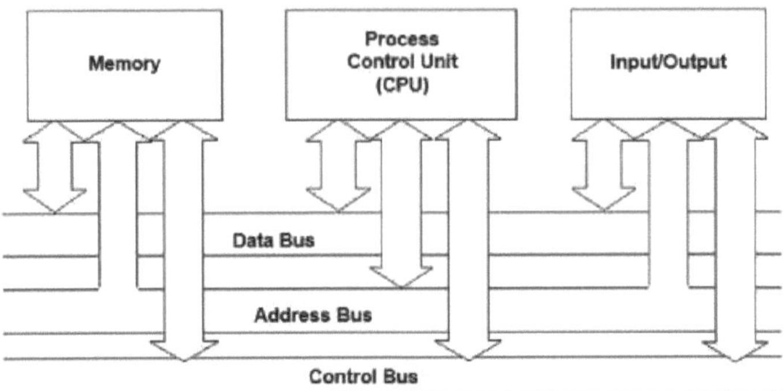

Fig. 4.2 Sistema de barramento.

Por exemplo, se o processador ou o microcontrolador pretender armazenar uma palavra de dados numa determinada localização da memória, deve colocá-la no barramento de dados, o endereço em que os dados devem ser armazenados no barramento de endereços e vários sinais de controlo para sincronizar a operação de armazenamento no barramento de controlo.

4.2.1 PROCESSADOR

É o elemento mais importante do microcontrolador, tanto a nível de hardware como de software. É responsável pelo endereçamento da memória de instruções, pela receção do código OP (opcode) da instrução em curso, pela sua descodificação e pela execução da operação aritmética ou lógica envolvida na instrução, bem como pela pesquisa dos operandos e pelo armazenamento do resultado.

A necessidade de obter elevado desempenho no processamento de instruções levou à utilização generalizada de processadores de arquitetura **Harvard**, por oposição aos tradicionais que seguiam a arquitetura **Von Neuman**, esta última caracterizada

pela ligação da CPU a uma única memória onde coexistiam dados e instruções através de um sistema de barramentos.
Na arquitetura Harvard, a memória de instruções e a memória de dados são independentes, tendo cada uma o seu próprio sistema de barramento para acesso, promovendo assim o paralelismo (Fig. 4.3).

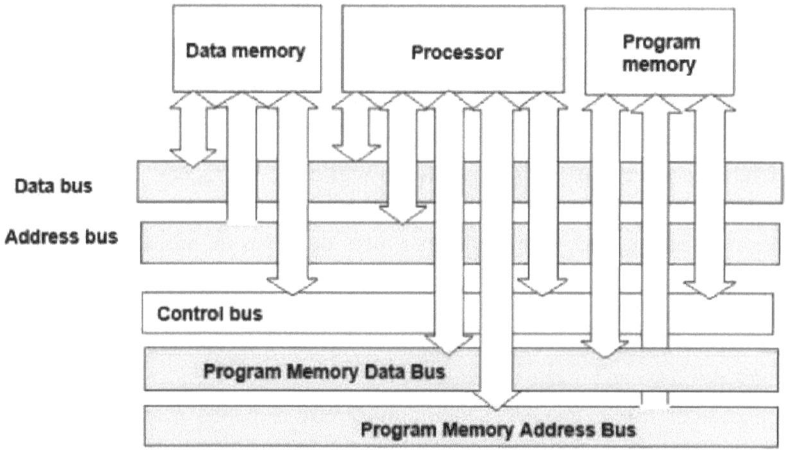

Fig. 4.3 Arquitetura de Hardvard.

4.2.1.1 ARMAZENAMENTO E EXECUÇÃO DE PROGRAMAS

Um programa é uma lista de instruções para o processador, todos os pP e pC têm um conjunto de instruções que podem executar, cada tipo de processador e controlador tem o seu próprio conjunto de instruções e, normalmente, os programas escritos para uma máquina não funcionam noutra.
Um pC típico terá instruções para: transferir informação entre registos e memória; efetuar operações aritméticas e lógicas; efetuar comparações e testes sobre o conteúdo dos seus registos de memória; controlar a sequência de execução do programa.
Em geral, a operação a ser executada por uma instrução é definida por um código de operação (em pCs simples, normalmente um único byte) também conhecido como opcode.
Algumas instruções requerem, para além do código de operação, informações adicionais (operandos), por exemplo, uma instrução para armazenar o conteúdo de um registo numa posição de memória terá de incluir o endereço de memória de destino.
A unidade de descodificação e controlo de instruções é o coração do processador, sendo responsável por extrair sequencialmente as instruções da memória e depois executá-las.

Ligado à unidade de controlo está um gerador de relógio, que utiliza um oscilador para produzir um sinal de relógio muito preciso, o tempo é dividido num determinado número de ciclos de relógio.

A operação da unidade de controlo e descodificação de instruções pode ser dividida em duas partes (ambas com duração de vários ciclos de relógio):

- **Ciclo de busca de instruções.** Aqui, o endereço da instrução seguinte é transferido para o barramento de endereços, é enviado um comando de leitura para os dispositivos de memória através do barramento de controlo, a informação é lida a partir do barramento de dados e, se for o primeiro byte de uma instrução, este byte é transferido para o registo de instruções.
- **Ciclo de execução da instrução.** O registo de instruções está ligado a um descodificador que determina quantos bytes adicionais de informação são necessários, os quais são carregados por meio de ciclos de busca, como indicado acima.

Quando a execução está concluída, a máquina inicia automaticamente o ciclo de busca da instrução seguinte do programa, pelo que a execução é uma sequência contínua de ciclos de busca e execução.

O processador dos microcontroladores modernos responde à arquitetura **RISC** (Reduced Instruction Set Computers), que se identifica por ter um repertório pequeno e simples de instruções de máquina, de modo a que a maioria das instruções seja executada num ciclo de instruções.

4.2.2 MEMÓRIA DE PROGRAMAS

O microcontrolador foi concebido de modo a que na sua memória de programa sejam armazenadas todas as instruções do programa de controlo, uma vez que o programa a executar é sempre o mesmo, pelo que deve ser gravado permanentemente.

São possíveis cinco tipos de memória:

- **Máscara ROM.** (Read Only Memory) Esta memória é escrita no chip durante o processo de fabrico; os elevados custos de conceção tornam aconselhável a sua utilização apenas quando são necessárias grandes séries.
- **EPROM.** (Erasable ROM) Na superfície da cápsula do microcontrolador existe uma janela de vidro através da qual o chip pode ser sujeito a raios ultravioleta para apagar a memória e voltar a utilizá-la, o seu custo unitário é elevado.
- **OTP.** (One Time Programmable) Este modelo de memória só pode ser gravado uma vez pelo utilizador, o seu baixo preço e a simplicidade de gravação tornam este tipo de memória adequado para protótipos finais e pequenas séries de produção.
- **EEPROM.** (Electrically EPROM) A gravação é semelhante à EPROM e à OTP, mas o apagamento é muito mais fácil, pois pode ser executado eletricamente

tantas vezes quantas as desejadas.

- **FLASH.** É uma memória não volátil de baixo consumo de energia que pode ser escrita e apagada em circuito como a EEPROM, mas normalmente tem maior capacidade que esta última, a eliminação só é possível de blocos completos e não pode ser feita de posições específicas, pelo seu melhor desempenho está a substituir a memória EPROM para conter instruções.

4.2.3 MEMÓRIA DE DADOS

Os dados manipulados pelos programas variam continuamente e isso exige que a memória que os contém seja legível e gravável, sendo a RAM estática (Random Access Memory) ou SRAM a mais adequada, mesmo que seja volátil.

Existem microcontroladores que têm como memória de dados uma memória de escrita e leitura não volátil do tipo EPROM, para que uma falha de energia não provoque a perda de informação.

4.2.4 LINHAS I/O PARA O CONTROLO DE PERIFÉRICOS

Com exceção dos pinos destinados a receber a alimentação, o cristal que regula a frequência de funcionamento e o reset, os restantes pinos de um microcontrolador são utilizados para comunicação com periféricos externos.

4.2.5 RECURSOS AUXILIARES

Dependendo da aplicação, cada modelo de microcontrolador incorpora uma variedade de complementos que aumentam a potência do dispositivo, entre os mais comuns estão:

- Circuito de relógio, encarregado de gerar os impulsos que sincronizam o funcionamento de todo o sistema.
- Temporizadores, orientados para o controlo dos tempos.
- Watchdog, destinado a desencadear um reinício quando a execução do programa é bloqueada.
- Conversores A/D e D/A para receber e enviar sinais analógicos.
- O estado de inatividade, no qual o consumo de energia é reduzido ao mínimo.

Atualmente existem muitos microcontroladores de diferentes empresas reconhecidas mundialmente, neste projeto foram escolhidos os microcontroladores da Microchip Technology pelo seu baixo custo, utilização generalizada e pela informação disponível fornecida pelo fabricante, os modelos PIC16F84 e PIC16F877 pertencentes à gama média são descritos a seguir.

4.3 MICROCONTROLADOR PIC16F84

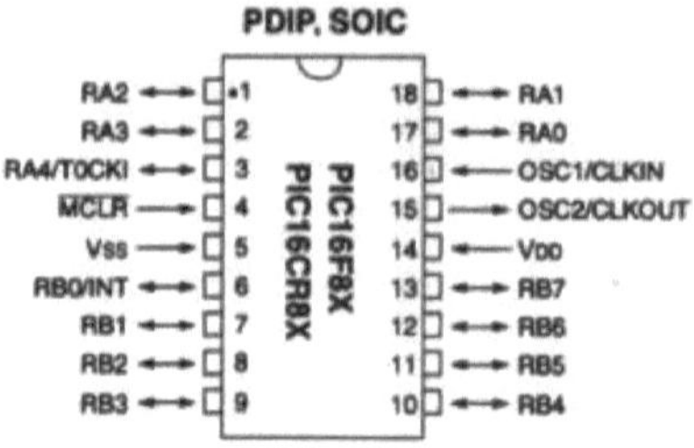

Fig. 4.4 Diagrama de pinos do PIC16F84.

O microcontrolador PIC16F84 é um circuito integrado fabricado pela empresa Microchip Technology e é atualmente um dos mais utilizados em todo o mundo, a razão para isso é porque são simples, rápidos, modernos e principalmente baratos, podem gravar programas e apagá-los eletricamente, têm uma grande documentação em todo o mundo na Internet.

4.3.1 CARACTERÍSTICAS DE BASE

O microcontrolador PIC16F84 é um circuito integrado de 18 pinos fabricado com tecnologia CMOS, disponível em diferentes versões de encapsulamento como DIP (Dual Inline Pin, versão convencional) e SOIC (Small Outline Integrated Circuit, montagem em superfície), a sua frequência de trabalho situa-se entre 4 e 10 MHz.

4.3.2 RECURSOS FUNDAMENTAIS

- Processador avançado de arquitetura RISC.
- Conjunto de 35 instruções de comprimento igual a 4 bits.
- Execução de instruções num ciclo de instruções (exceto saltos de programa em dois ciclos).
- Frequência máxima de funcionamento: 10 MHz (ciclo de instrução de 400 ns).
- Ikof 14-bit words for code memory, FLASH type.
- 68 bytes de memória de dadosRAM.
- 64bytes de memória de dadosEEPROM.
- Dados de 8 bits de tamanho.
- 15 registos de funções especiais.
- Pilha de 8 níveis de profundidade.
- Modos de endereçamento direto, indireto e relativo.
- 4 fontes de interrupção:

o Pino externo RBO/INT.

o Estouro do temporizador TMRO.

o Interrupção devida a mudança de porta B(7:4).

o Concluir a escrita da EEPROM.

o 1 milhão de ciclos de apagamento/escrita da EEPROM.

Retenção de dados na EEPROM > 40 anos.

4.3.3 DISPOSITIVOS PERIFÉRICOS

- 13 pinos de E/S com controlo de endereçamento individual.
- Corrente elevada como dissipador/fonte para acionar diretamente os LEDs:
  - o 25 mA máx. como dissipador por pino.
  - o 20 mA máx. como fonte fornecida por pino.

- TMRO: temporizador/contador de 8 bits com pré-escalar programável.

4.3.4 CARACTERÍSTICAS ESPECIAIS

- Reativação da alimentação POR (Power On Reset).
- Temporizador de arranque (PWRT).
- Temporizador de arranque do oscilador (OST).
- Temporizador Watchdog (WDT) com o seu próprio oscilador RC para um funcionamento fiável.
- Proteção do código.
- Modo SLEEP para poupança de energia.
- Programação do sistema via porta série através de dois pinos (os dispositivos ROM só suportam a programação de dados na EEPROM).

Pino N	Nome	Tipo (E/S/A)	Tipo de tampão	Descrição
16	OSC1/CLKIN	I	ST/CMO s	Entrada de cristal do oscilador/relógio externo entrada.
15	OSC2/CLKOUT	0		Saída do cristal oscilante, em a O modo de oscilação por cristal é ligado ao cristal ou ao ressoador, em O modo RC OSC2 fornece CLKOUT que tem 1/4 da frequência do OSC1 e representa o ciclo de instruções.
4	MCLR	E/S	ST	Tensão de programação/entrada de reinicialização entrada, este pino é a reposição do dispositivo a um nível lógico baixo.
17 18 1 2 3	RAO RAI RA2 RA3 RA4/T0CK1	E/S E/S E/S E/S E/S	TTL TTL TTL TTL ST	PORTA é uma porta E/S bidirecional. Também pode ser selecionado para ser a entrada para o relógio do temporizador/contador TMRO, a saída é de coletor aberto.
6 7 8 9	RBO/INT RBI RB2 RB3	E/S E/S E/S E/S	TTL/ST TTL TTL TTL	PORTB é uma porta E/S bidirecional que pode ser programado por software para ativar internamente todas as

				entradas (para
10 11 12 13	RB4 RB5 RB6 RB7	E/S E/S E/S E/S	TTL TTL TTL/ST TTL/ST	não coletor aberto). RBO/INT pode ser selecionado como um pino para interrupção externo. RB4 a RB7 são pinos de interrupção do interrutor. RB6 é a entrada do relógio de programação série e RB7 é a entrada do relógio de programação série programação entrada de relógio. A entrada de dados de programação em série.
5	Vss	A	-	Referência de terra (terra) para todos os pinos lógicosl/O.
14	Vdd	A	-	Alimentação positiva para todos os pinos lógicos de E/S.

4.3.5 DESCRIÇÃO DOS PINOS

Legenda:

I = input O = output I/O = input/output A = power supply

- = not used TTL = TTL input ST = Schmitt input

I = entrada O = saída L'O = entrada[1] saída A = alimentação eléctrica
- = não utilizado TTL = entrada TTL ST = entrada Schmitt

4.4 MICROCONTROLADOR PIC16F877

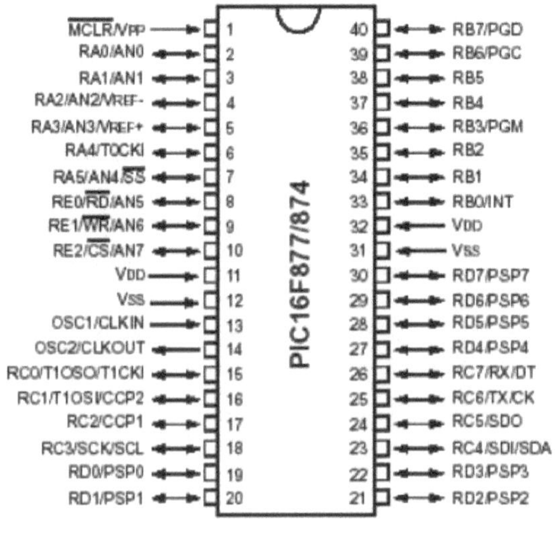

Fig. 4.5 Diagrama de pinos do PIC16F877.

4.4.1 CARACTERÍSTICAS DE BASE

O microcontrolador PIC16F877 de gama média é identificado pela sua memória de programa do tipo FLASH e por uma série de recursos semelhantes aos modelos mais potentes.

Este modelo encapsulado de 40 pinos tem 5 portas 1/0 (PA, PB, PC, PD e PE) com um total de 33 linhas para ligação a periféricos externos, um conversor A/D interno com 8 canais e uma porta paralela escrava.

4.4.2 RECURSOS FUNDAMENTAIS

- Processador avançado de arquitetura RISC.
- Conjunto de 35 instruções de comprimento igual a 4 bits.
- Execução de instruções num ciclo de instruções (exceto saltos de programa em dois ciclos).
- Frequência máxima de funcionamento: 20 MHz
- 8 k palavras de 14 bits para memória de código, tipo FLASH.
- 368 bytes de memória de dadosRAM.
- 256 bytes de memória de dadosEEPROM.
- Pacotes compatíveis com PIC16C73/74/76/77.
- Pilha de 8 níveis de profundidade.
- Modos de endereçamento direto, indireto e relativo.
- Capacidade de receber interrupções.
- Watchdog (WDT).
- Código de proteção programável.
- Modo SLEEP de baixo consumo de energia.
- Programação em série no circuito através de dois pinos.
- Tensão de alimentação entre 2 e 5,5 V.
- Baixo consumo de energia (menos de 2 mA a 5V e 5 MHz).
- 1 milhão de ciclos de apagamento/escrita na EEPROM.
- Retenção de dados na EEPROM > 40 anos.

4.4.3 DISPOSITIVOS PERIFÉRICOS

- 33 pinos de E/S com controlo de endereçamento individual.
- Corrente elevada como dissipador/fonte para acionar diretamente os LEDs:
  - 25 mA máx. como dissipador por pino.
  - 20 mA máx. como fonte fornecida por pino.
- TMRO: Contador/temporizador pré-escalar programável de 8 bits.
- TMR1: Contador/temporizador pré-escalonado de 16 bits.
- TMR2: Contador/timer pré-escalar e pós-escalar de 8 bits.
- Dois módulos de captura-comparação PWM.
- Conversor A/D (Analógico/Digital) de 10 bits.
- SSP (Synchronous Serial Port) com SPI (Serial Peripheral Interface) e I2C.

- USART (Universal Synchronous Asynchronous Receiver Transmitter).
- Porta escrava paralela PSP (Porta escrava paralela).
-

4.4.4 DESCRIÇÃO DOS PINOS

Pino Não.	Nome	Tipo (E/S/A)	Tipo de amortecedor	Descrição
13	OSC1/CLKIN	I	ST/CMOS	Entrada de cristal do oscilador/entrada de relógio externo.
14	OSC2/CLKOUT	0		Saída de cristal oscilante, em oscilação modo por cristal está ligado ao cristal ou ressoador , em RC fornece CLKOUT de 1/4 da frequência da OSC1 e representa o ciclo de instrução.
1	MCLR/Vpp	E/S	ST	Entrada de reinicialização/entrada de tensão de programação, este pino é a reinicialização do dispositivo ativo a um nível lógico baixo.
2	RAO/ANO	E/S	TTL	Porta de E/S bidirecional.
3	RA1/AN1	E/S	TTL	Entrada analógica 2 ou volt de referência analógica negativa.
4	RA2/AN2/Vref	E/S	TTL	Entrada analógica 3 ou tensão analógica de referência positiva.
5	-	E/S	TTL	Entrada de relógio para o TMRO
6			ST	contador/temporizador,
7	RA3/AN3/Vref	E/S	TTL	a saída é de coletor aberto.
	RA4/TOCKI			Entrada analógica 4 ou seletor como escravo para o
	RA5//SS/AN4			porta serial síncrona.
33	RBO/INT	E/S	TTL/ST	E/S bidirecional PORTB.
34	RBI	E/S	TTL	
35	RB2	E/S	TTL	Entrada de pedido de interrupção externa.
36	RB3/PGM	E/S	TTL	Entrada de baixa tensão programável.
37	RB4	E/S	TTL	Interrupção devido a mudança de alta
38	RB5	E/S	TTL	
39	RB6/PGC	E/S	TTL/ST	nível.
40	RB7/PGD	E/S	TTL/ST	Recebe sinais de relógio em série.
				programação. Entrada de dados na
				programação em série.
15	RC0/T10S0/T1	E/S		E/S bidirecional PORTC.
	CK1		ST	Saída do osc. TMR1 ou entrada de relógio.
			ST	Entrada de osc. TMR1 ou entrada de
16	RC1/T10SI/CC	E/S	ST	captura2/saída.
17		E/S		comparação2/saída dePWM2
	P2			Entrada de captural/saída do
18	RC2/CCP1	E/S	ST	comparadorl/saída PWMl.
23		E/S	ST	Entrada/modos de relógio de série síncrono

24 25 26	RC3/SCK/SCL RC4/SDI/SDA RC5/SDO RC6/TX/CK RC7/RX/DT	E/S E/S E/S	ST ST ST	saída SPI e I2C. Entrada de dados em modo SPI ou I2C. Saída de dados no modo SPI. Pino do transmissor USART assíncrono ou como relógio síncrono. Pino transmissor USART assíncrono ou síncrono com relógio.
19 20 21	RDO/PSPO RD1/PSP1 RD2/PSP2	E/S E/S E/S	TTL/ST TTL/ST TTL/ST	PORTDport E/S bidirecional ou slave porta paralela.
22 27 28 29 30	RD3/PSP3 RD4/PSP4 RD5/PSP5 RD6/PSP6 RD7/PSP7	E/S E/S E/S E/S E/S	TTL/ST TTL/ST TTL/ST TTL/ST TTL/ST	
8 9 10 12 31	RE0//RD/AN5 RE1//WR/AN6 RE2//CS/AN7 Vss Vss	E/S E/S E/S A A	TTL/ST TTL/ST TTL/ST -	Porta PORTE E/S bidirecional. Controlo de leitura da porta paralela analógica escrava entrada 5. Controlo de escrita da entrada analógica escrava da porta paralela 6. Porta paralela escrava ou entrada analógica Controlo de seleção 7. Referência de terra (terra) para todos os pinos lógicos de E/S.
11 32	Vss Vdd	A A	-	Alimentação positiva para todos os pinos lógicos de E/S.

Legenda:

I = entrada O = saída I/O = entrada/saída A = fonte de alimentação - = não utilizado
TTL = entrada TTL ST = entrada Schmitt

CAPÍTULO V

ANÁLISE DO SISTEMA

5.1 INTRODUÇÃO

Nesta fase, serão definidos os diferentes requisitos do novo sistema de comutação. Para obter esta informação, foi realizado um estudo prévio de todas as actividades envolvidas nos sistemas de comutação para uma melhor compreensão do projeto.

Durante esta fase, é desenvolvida uma descrição bem definida do esquema do sistema, é efectuada uma análise das diferentes partes e são definidos os recursos necessários.

5.2 DESCRIÇÃO GERAL

O equipamento a conceber terá caraterísticas próprias, sendo constituído por um mínimo de dois módulos ligados entre si para formar um sistema telefónico básico de dois assinantes. Com a adição de quatro cartões será possível ter seis módulos para um sistema telefónico de dez assinantes, estes módulos serão o Cartão de Processamento Central (CPC) e as Placas de Interface de Linha (BIL).

A unidade de base, que terá capacidade para dois assinantes, poderá desempenhar as seguintes funções

- Fornecer uma interface telefónica de dois fios para uma interface de portadora de quatro fios,
  incluindo a correspondência de nível e impedância.
- Efetuar a deteção de fora do gancho e a geração de laços DC (bateria de conversação).
- Para descodificar os tons DTMF (Dual Tone Multi-Frequency).
- Efetuar a supervisão da sinalização E&M (ouvido e boca).
- Gerar os diferentes tons: tom de marcação, tom de ocupado e tom de confirmação de chamada.
- O sistema pode ser comutado para uma linha externa pertencente à central telefónica local.

Os 48 volts DC necessários para o funcionamento do sistema e a tensão de toque AC serão fornecidos por uma fonte externa.

O equipamento terá capacidade para 10 linhas telefónicas DTMF totalmente independentes, convertendo e combinando estas linhas de dois fios num canal E&M comum de 4 fios. Poderá comunicar com 100 telefones no total, juntando-se a 10 outros equipamentos semelhantes de outros locais.

Quando um telefone acede a um aparelho ao longo de um canal, todos os outros telefones recebem um sinal de ocupado, a não ser que o aparelho tenha uma função especial.

Cada placa de interface de linha ou BIL conterá duas linhas telefónicas independentes e pode também receber dois comandos de toque separados da placa de processamento central ou CPC.

5.3 PLANO DE NUMERAÇÃO

O equipamento utilizará basicamente um plano de numeração de dois dígitos, descodificando-os da seguinte forma: o primeiro dígito é o dígito do equipamento ou da estação, se estiver correto abre uma janela durante 10 segundos, se estiver incorreto a janela fecha-se durante 10 segundos. O dígito da estação será selecionado por um DIP switch, se a janela abrir, o segundo dígito válido correspondente ao assinante fará com que o equipamento atenda tocando o telefone do assinante chamado.

Cada telefone terá o seu próprio número único de dois dígitos (00-99), apenas o telefone que está a ser chamado tocará.

O primeiro telefone fora do descanso terá a opção de marcar qualquer um dos outros 99 telefones, vários telefones podem ser marcados de uma só vez ou podem ser adicionados mais tarde à conversa existente.

O botão será utilizado para a função All Call, os assinantes para esta função serão selecionados por uma central, o número destes assinantes no equipamento deve ser minimizado para evitar a degradação do equilíbrio híbrido.

A opção de função especial, selecionada por comutação, será fornecida para permitir que um assinante seja adicionado a uma conversa existente quando desejado, em vez de receber um tom de ocupado.

5.4 FUNCIONAMENTO FUNCIONAL

Quando se pega no telefone, ouve-se um tom de marcação se o sistema não estiver ocupado. Se o tom de marcação for efetivamente ouvido, o telefone terá o controlo total do sistema, fazendo com que todos os outros telefones recebam um tom de ocupado.

O tom de marcação durará dez segundos; se não for premida uma tecla, o tom de ocupado substituirá o tom de marcação e qualquer outro telefone poderá então aceder ao sistema; o tom de ocupado pode ser eliminado desligando e pegando no recetor para recomeçar outra sequência de 10 segundos.

Se um botão for premido no espaço de 10 segundos, o tom de marcação será removido e o sistema aguardará um segundo tom DTMF durante 10 segundos; se nenhum número for marcado durante mais de 10 segundos, o sistema permanecerá acedido até ocorrer um desligamento.

No telefone que iniciou a chamada, o tom de confirmação de chamada será ouvido para cada telefone chamado, os tons de confirmação de chamada de uma determinada equipa estarão todos sincronizados, mas não os tons de equipa para equipa.

Os tons de confirmação de chamada serão removidos quando cada telefone tiver atendido, se um ou mais grupos chamados não atenderem o respetivo telefone, o tom de confirmação de chamada pode ser removido premindo o botão. Quando o

assinante de origem desliga o telefone, todos os grupos são retirados da linha.
Se o equipamento estiver ocupado, o assinante receberá um tom de ocupado e não será incluído na comunicação dentro do sistema, se o sistema estiver livre nos primeiros 10 segundos após o assinante ter desligado, o sistema será automaticamente transferido para um novo assinante, após 10 segundos o assinante não poderá aceder ao equipamento sem ter de desligar primeiro.
Quando um telefone começa a tocar, o toque pode ser cancelado se o originador desligar, premir o botão ou se a pessoa chamada atender, neste último caso o toque é removido, de modo a que o toque não seja ouvido no microtelefone.
Quando uma conversa está em curso entre dois subscritores, podem ser adicionados outros, no entanto, uma vez que cada parte é adicionada à conversa, o nível de áudio desce, normalmente não podem ser adicionadas mais de 6 partes.
Se houver uma situação em que seja necessário acrescentar mais partes, basta que algumas das partes chamadas, e não o autor, desliguem momentaneamente enquanto as novas partes estão a ser marcadas.
Se for necessário chamar muitas peças de seguida, tem a opção de as colocar na lista "todas as chamadas", fechando o interrutor de todas as chamadas correspondente aos seus segundos dígitos.

5.5 EXPANDABILIDADE

O sistema básico de comutação telefónica será para dois assinantes, sendo a unidade expansível até um máximo de 10 assinantes (dois por cartão de linha) através da inclusão adicional de módulos de linha.
Todos os assinantes montados na mesma unidade terão o mesmo primeiro dígito de um código de dois dígitos; a posição da placa de rede determinará o segundo dígito.
Se agrupássemos 10 equipas completas com todos os seus módulos, teríamos um total de 100 números disponíveis para 100 subscritores.
A Figura 5.1 mostra uma possível configuração de doze assinantes utilizando dois sistemas de comutação semelhantes.

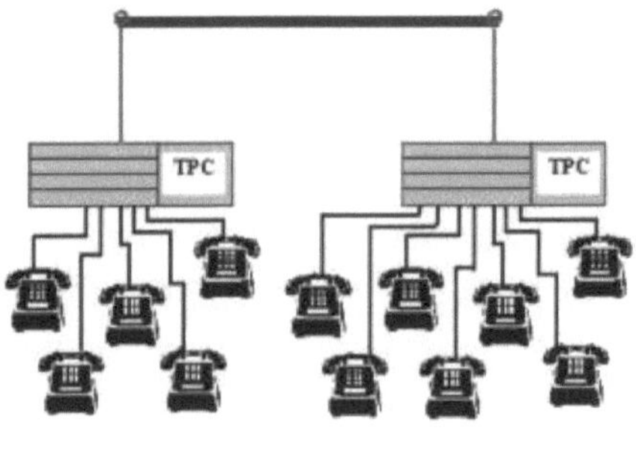

Fig. 5.1 Ligação entre dois sistemas de comutação.

5.6 OPERAÇÕES ESPECIAIS

As diferentes operações especiais que o sistema de comutação telefónica terá são descritas a seguir.

5.6.1 ENTRADA EM PONTE

Ao fechar o interrutor correspondente selecionado no cartão de linha do equipamento, um assinante não será de forma alguma excluído do sistema, mesmo que o equipamento já esteja ocupado.

Se o sistema estiver ocupado, o assinante em ponte será adicionado à conversa, terá 10 segundos para marcar a saída, após o que pode pedir às partes originais que saiam da linha, a parte em ponte assumirá automaticamente o controlo do sistema.

No caso de o sistema estar desocupado, o assinante em ponte será tratado como qualquer outro assinante.

5.6.2 SILENCIADO

Ao premir o botão, o equipamento pode ser temporariamente bloqueado se não responder aos sinais DTMF.

O botão também pode remover simultaneamente todos os comandos de toque, bem como numa chamada em conferência com vários participantes (todas as chamadas) o toque será cancelado.

5.6.3 CONVITE A TODOS

Cada linha telefónica do sistema de comutação pode ser colocada por um comutador numa lista de prioridades de chamadas.

Se um assinante estiver selecionado, o seu telefone tocará quando o

é premido, bem como outros telefones se o respetivo interrutor estiver fechado.

Se os telefones chamados desligarem o sistema não será libertado, o sistema cai quando o assinante que originou a chamada desliga.

5.7 COMPONENTES DO SISTEMA

O sistema de comutação será composto basicamente por duas placas, uma será a placa principal (Central Processing Card) e a outra a placa de linha (Line Interface Board), que serão descritas e analisadas a seguir.

5.7.1 CARTÃO DE PROCESSAMENTO CENTRAL

O cartão central de processamento (CPC) é constituído por um cartão principal, ao qual podem ser ligadas até cinco placas de circuitos.

O CPC será capaz de ler e descodificar os códigos DTMF de entrada para selecionar o respetivo telefone que está a ser chamado, bem como fornecer todas as tensões de funcionamento para o resto do sistema.

Esta placa poderá gerar o tom de marcação e outros tons, dar o tempo do ciclo de toque, efetuar a supervisão E&M e a conversão de 2 para 4 fios.

O CPC contém interruptores DIP para determinar o dígito da estação, chamar tudo e outras funções especiais.

Estarão disponíveis 48 volts DC a partir de uma fonte externa para o CPC e este será capaz de gerar os 5 e 12 volts DC necessários para o correto funcionamento dos outros componentes do sistema.

O diagrama 5.1 abaixo mostra o fluxograma que indica as funções básicas a desempenhar pelo TPC.

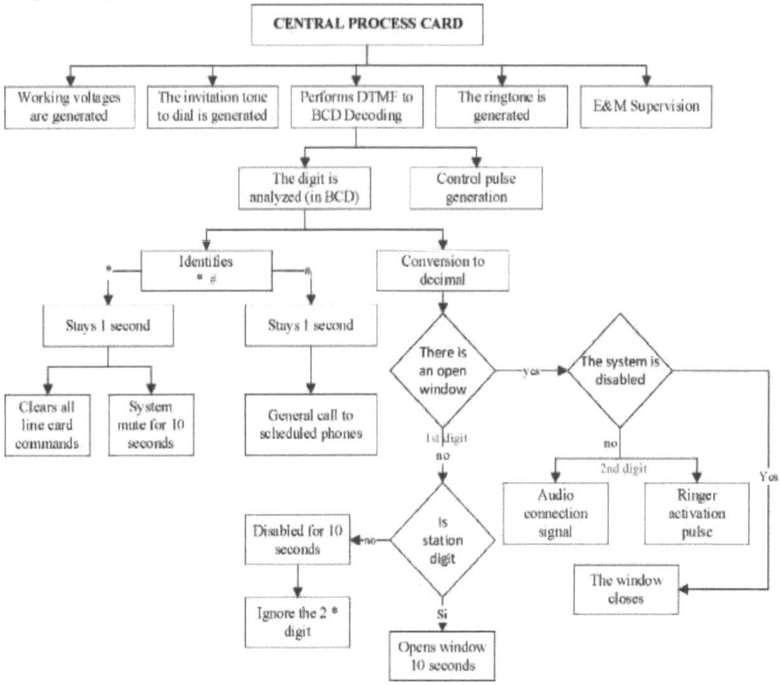

Diagrama 5.1 Fluxograma do TPC.

5.7.2 CARTÃO DE INTERFACE DE LINHA

A placa de interface de linha (BIL) alimenta o circuito DC (bateria de conversação), encaminha a tensão de toque, bem como a supervisão de entrada ou saída para 2 telefones, cada um dos quais é independente do outro.

O módulo BIL será montado no CPC, dois interruptores DIP seleccionarão as opções de cartões, haverá cinco ranhuras no equipamento para estes cartões, quando todos estiverem inseridos, terá a capacidade total de OL assinantes.

O diagrama 5.2 mostra um fluxograma que indica as funções básicas a serem executadas pela BIL.

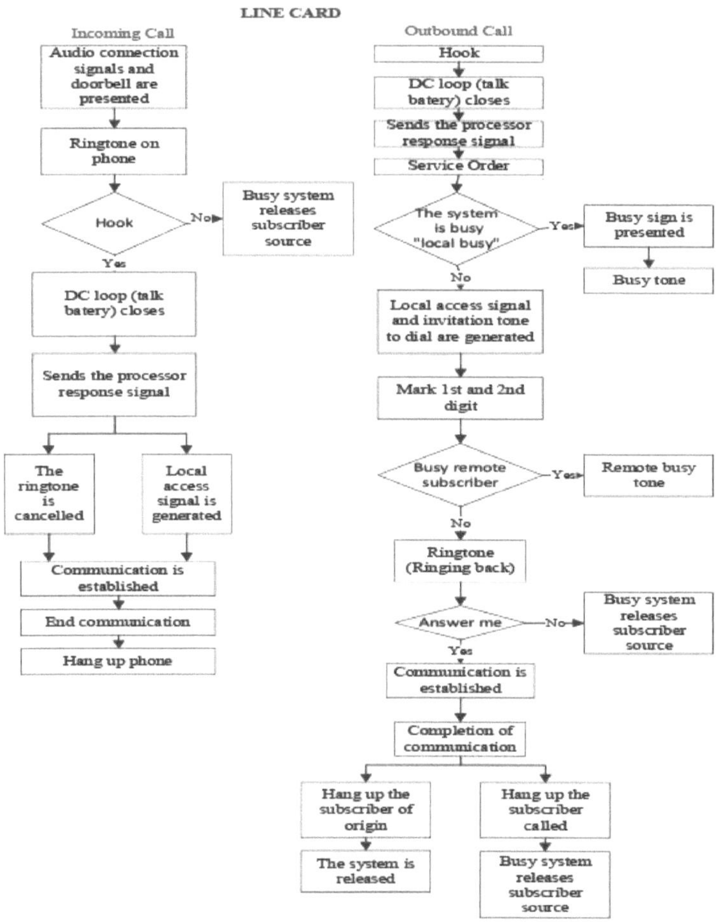

Diagrama 5.2 Fluxograma da BIL.

5.8 TELEFONE HÍBRIDO

Um transformador híbrido relaciona e converte uma linha de 2 fios em dois pares de linhas de 2 fios, chamada linha de 4 fios, resultando num par recetor e num par transmissor.

A conversão de 2 fios para 4 fios será efectuada na central telefónica por um transformador híbrido com um circuito de equilíbrio ajustado de modo a não produzir realimentação para o recetor (ver figura 5.2).

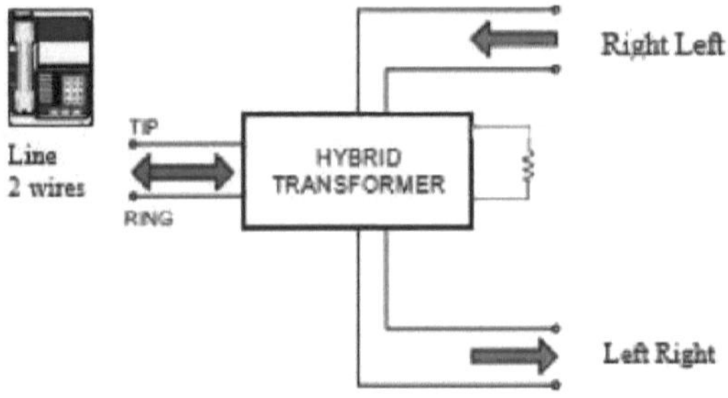

Fig. 5.2 Diagrama de blocos de um híbrido telefónico.

5.8.1 AMPLIFICAÇÃO DO SINAL

Numa linha de 2 fios, os sinais viajam em ambas as direcções simultaneamente, um único amplificador inserido na linha só poderia amplificar os sinais numa direção e bloquear os sinais que viajam na direção oposta, um transformador híbrido resolve este problema separando os sinais de transmissão e receção.

Um par de híbridos pode ser usado para dividir uma linha em dois pares de linhas ou linhas de 4 fios, dois amplificadores podem agora ser incorporados na linha de 4 fios, um na receção e outro na transmissão.

A utilização de um par de híbridos em cada estação permite a inserção de amplificadores separados em cada direção, o híbrido divide o fluxo de sinal bidirecional de uma linha de 2 fios num par de fluxos unidireccionais na linha de 4 fios, inserindo assim amplificadores separados em cada direção para aumentar o nível de sinal de transmissão necessário nas ligações, como mostra a Figura 5.3.

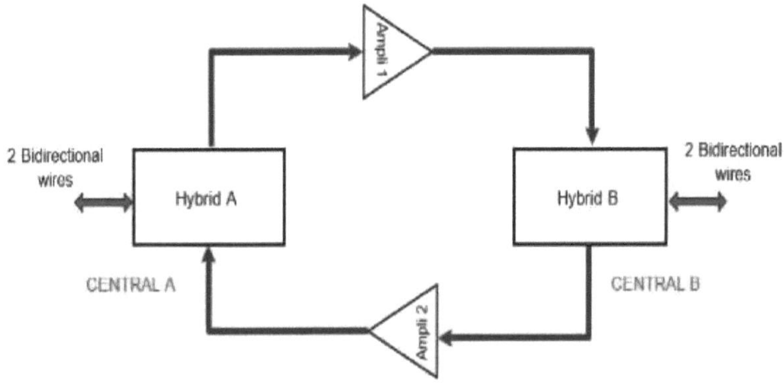

Fig. 5.3 Utilização de amplificadores entre centrais.

5.8.2 CARACTERÍSTICAS HÍBRIDAS

As caraterísticas mais importantes do híbrido são descritas de seguida:

- PERDA DE INSERÇÃO - A perda na direção desejada de propagação do sinal através do híbrido.
- ISOLAMENTO - Também conhecido como rejeição híbrida, corresponde à perda desde a entrada de receção a 4 fios até à saída de transmissão a 4 fios, sendo esta a perda devida à direção de propagação do sinal indesejado.

5.8.3 HIBRIDIZAÇÃO DIFERENCIAL

O sinal de receção do canal é aplicado à entrada do recetor híbrido, gerando uma corrente no circuito a dois fios (sinal útil) e outra corrente no circuito de balanço (sinal de perdas), como mostra a Figura 5.4, estas correntes têm sentidos opostos nos primários do transformador T2 e se as suas amplitudes e fases forem iguais, os campos magnéticos gerados anulam-se e não haverá indução de sinal no secundário de transmissão.

Isto proporcionaria um híbrido perfeito, com atenuação infinita entre a receção e a transmissão.

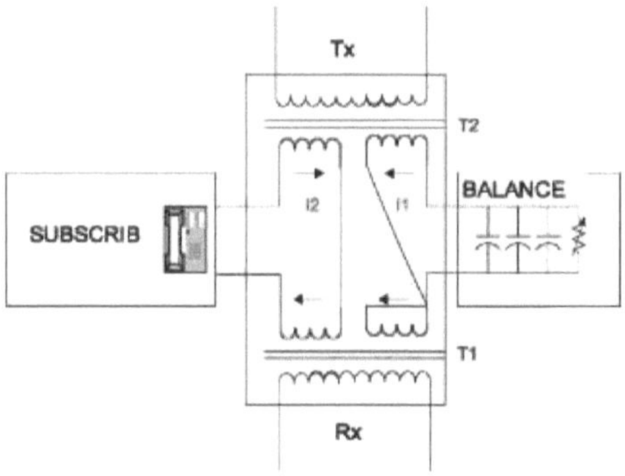

Fig. 5.4 Híbrido diferencial.

Estas condições são impossíveis de obter na prática, uma vez que a igualdade das correntes II e 12 dependerá da semelhança entre a impedância ligada a dois fios (linha e telefone) e a impedância de equilíbrio (rede artificial).

O maior ou menor isolamento que pode ser obtido a partir de um híbrido dependerá do maior ou menor grau em que a impedância da rede de compensação imita o comportamento da impedância da linha, uma vez que uma linha telefónica é um caso muito particular de impedância com parâmetros R, L, C distribuídos e só pode ser imitada imperfeitamente para uma frequência de gama vocal.

Quando a linha telefónica é longa, a sua impedância caraterística é alterada, produzindo desfasamentos e melhorando as caraterísticas de rejeição do híbrido, para compensar a componente capacitiva do ramal de 2 fios, deve ser colocado um condensador em paralelo com a resistência equilibrada.

5.9 SINALIZAÇÃO E&M

Esta é a forma mais comum de sinalização analógica de corrente contínua entre sistemas de comutação para encaminhamento de chamadas, utilizando para o processo de seleção e acesso um par de fiosE&M (Ear and Mouth) necessários para o estabelecimento da comunicação, ao receber um determinado sinal E este provoca a emissão de um sinal M que é transmitido em canal comum ao canal de voz, como mostra a Figura 5.5.

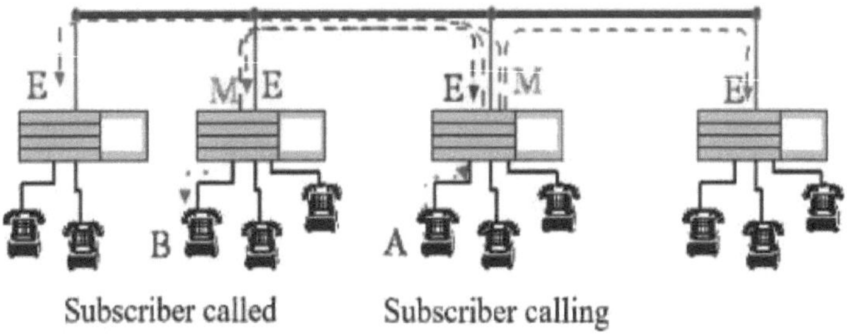

Fig. 5.5 Comunicação entre 2 assinantes com supervisão E e M.

Quando o assinante A pega no seu telefone e gera um sinal M que será traduzido num sinal E em todas as outras estações, apenas a estação para a qual a chamada é dirigida, neste caso a estação onde se encontra o assinante B, responde ao sinal recebido enviando um sinal M com o qual o sistema completa o acesso da chamada para iniciar a comunicação entre os 2 assinantes.

As caraterísticas eléctricas da sinalização E&M necessária entre centrais são apresentadas no quadro 5.1:

Sinalização E&M típica			**Sinalização E&M tipo 2**		
Estado	*M*	*E*	*Estado*	*M*	*E*
Pendurado	*GND*	*Aberto*	*Pendurar*	*Aberto*	*Aberto*
Descarregar d	*-48 V*	*GND*	*Descarregar d*	*-48 V*	*GND*

Tabela. 5.1 Tipos de sinalização E&M.

No nosso sistema de comutação, será utilizada a sinalização analógica E&M DC tipo 1, devido à sua simplicidade.

5.10 MARCAÇÃO TONAL DTMF

O esquema de marcação DTMF foi concebido pelos Laboratórios Bell e introduzido nos Estados Unidos em meados da década de 1960 como alternativa à marcação por impulsos, oferecendo maior velocidade de marcação e maior fiabilidade.

Existem várias especificações que resultaram da norma original e que se baseiam nas normas AT&T, CEPT, NTT, CCITT e ITU. As variações de uma norma para outra são tipicamente tolerâncias nos desvios de frequência, níveis de potência, diferença de atenuação entre dois tons e imunidade de voz.

Um sinal DTMF válido é a soma de dois tons, um de um grupo baixo e outro de um grupo alto, com cada grupo contendo quatro tons individuais. As frequências dos tons apresentados na Tabela 5.2 foram cuidadosamente selecionadas com base em testes laboratoriais, de modo a que os seus harmónicos não estejam relacionados e que os produtos da sua intermodulação produzam uma deterioração mínima na sinalização.

A maioria dos teclados de telefone contém dez interruptores de pressão numéricos mais o asterisco * e o sinal numérico #, os interruptores estão dispostos numa matriz, cada um selecionando o tom do grupo baixo da sua respectiva linha e o tom do grupo alto da sua coluna correspondente.

A codificação DTMF assegura que cada sinal contém um e apenas um componente de cada um dos grupos de tons altos e baixos, o que simplifica significativamente a descodificação porque o sinal composto pode ser separado com filtros passa-banda nos seus dois componentes de frequência simples, cada um dos quais pode ser manipulado individualmente.

As normas da UIT (União Internacional das Telecomunicações) encontram-se nas recomendações Q.23 e Q.24 da secção 4.3 do Livro Vermelho da UIT, volume VI, fascículo VI.l.

F (Hz) baixo	F (Hz) alta	DÍGITOS
697	1209	1
697	1336	2
697	1477	3
770	1209	4
770	1336	5
770	1477	6
852	1209	7
852	1336	§
852	1477	9
941	1336	0
941	1209	*
941	1477	#

697	1633	A
770	1633	B
852	1633	c
941	1633	D

Tabela 5.2 Pares de frequências utilizados na geração de DTMF.

O DTMF é o sistema de sinais utilizado nos telefones para a marcação por tom, estes são o resultado da soma algébrica em tempo real de duas sinusóides de frequências diferentes, a relação das teclas com o seu par de frequências correspondente é apresentada na Tabela 5.2.

Os sinais DTMF são gerados por um codificador e consistem na adição de dois tons, um de baixa frequência e outro de alta frequência, sendo que o tom alto é normalmente +1,5% (2dB) em relação ao tom baixo, como mostra a figura 5.6, para compensar as perdas de sinal nas longas linhas de ligação à central telefónica.

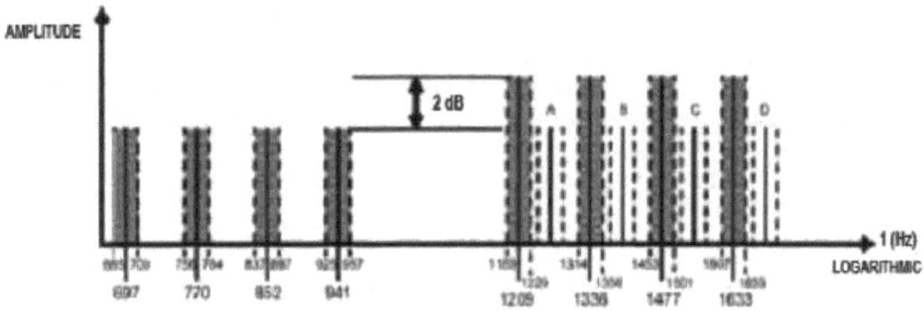

Fig. 5.6 Espectro do sinal DTMF.

A divisão das frequências em grupos altos e baixos simplifica a conceção dos receptores DTMF, como se mostra na Figura 5.7. Esta conceção específica inclui uma abordagem padrão.

Quando ligado a uma linha telefónica, a um recetor de rádio ou a qualquer outra fonte de sinal DTMF, o recetor filtra o ruído do tom, separa o sinal em componentes de grupo de alta e baixa frequência e, em seguida, mede o cruzamento zero calculando a média dos períodos para produzir uma descodificação de um único dígito.

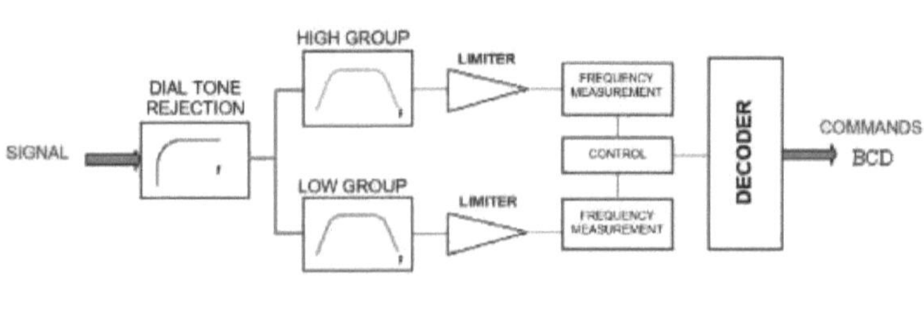

Fig. 5.7 Arquitetura típica do recetor DTMF.

A deteção de DTMF pode ser complicada pela presença de ruído de linha de 50 Hz, tons multifrequência, ruído aleatório e outras fontes de interferência.
Lidar com estes problemas, mantendo-se imune à simulação tom a tom, representa um grande desafio para os projectistas de novos receptores DTMF.

CAPÍTULO VI

CONCEPÇÃO E IMPLEMENTAÇÃO

6.1 INTRODUÇÃO

Este capítulo mostra como resolver os requisitos do sistema de comutação telefónica que foram descritos na fase de análise, utilizando os dispositivos físicos escolhidos.

Analisa igualmente aspectos da arquitetura e da distribuição do sistema, bem como os eventos tratados, incluindo as prioridades de execução e os diagramas de estrutura.

Os cartões que foram concebidos são:

- Cartão de processamento central. CPC01
- Placa de interface de linha. BIL01

Numa primeira fase, o quadro de distribuição foi dividido em módulos, de modo a obter uma organização muito mais eficiente e fácil de compreender.

6.2 CARTÃO DE PROCESSAMENTO CENTRAL

A Placa Central de Processamento ou CPC gera as tensões de trabalho de 5 e 12 volts DC necessárias para o funcionamento dos diferentes componentes do sistema, efectua a conversão de 2 fios para 4 fios através do híbrido telefónico, descodifica os tons DTMF provenientes do canal de comunicação, supervisiona o canal através de sinalização E&M e troca comunicações com a Placa de Interface de Linha ou BIL.

Os módulos concebidos para as diferentes funções que desempenha são os seguintes

- Fonte de alimentação do sistema.
- Telefone híbrido.
- Sinalização E&M.
- Descodificação de DTMF.

6.2.1 ALIMENTAÇÃO ELÉCTRICA DO SISTEMA

A central telefónica necessita de 48 volts DC para o funcionamento do sistema, mas a alimentação dos circuitos internos das várias placas necessita de tensões de 12 e 5 volts para o funcionamento correto dos circuitos integrados.

Quando o equipamento estiver a funcionar com a carga máxima, ou seja, com as cinco placas, o consumo de corrente será de 0,36 A, que será a corrente máxima necessária.

Por isso, é necessário utilizar conversores de tensão DC capazes de fornecer a corrente necessária ao equipamento com uma tensão estável. Para atender a essas caraterísticas, foi analisada a utilização do regulador de tensão ajustável integrado LM317HVT com encapsulamento TO-220, que garante uma corrente de saída de 1,5A.

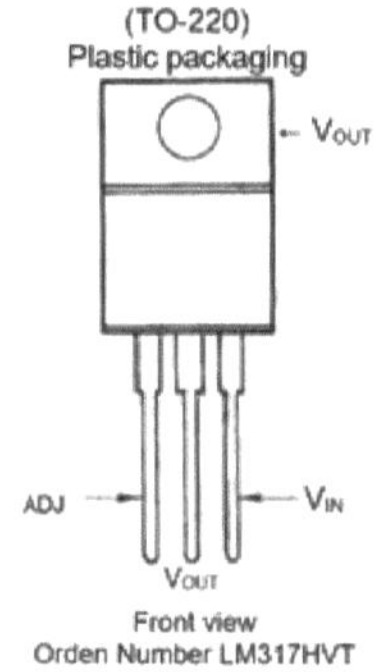

Fig. 6.1 Descrição física do integrado na embalagem de plástico.

As especificações técnicas do LM317HVT na limitação de corrente para um regulador de tensão que cumpra com Vin - Vout < 60 V é de 0,3 A como corrente média, sendo insuficiente para o pleno funcionamento do equipamento, pelo que é necessário aumentar a corrente utilizando um transístor de potência em cascata.

Para a conversão de tensão de 12 V para 5 V é utilizada a configuração típica do LM317HVT, de acordo com as caraterísticas técnicas na limitação de corrente para uma regulação de tensão Vin - Vout < 15 V para a embalagem utilizada é de 2,2 A como corrente média, sendo suficiente para o funcionamento do equipamento.

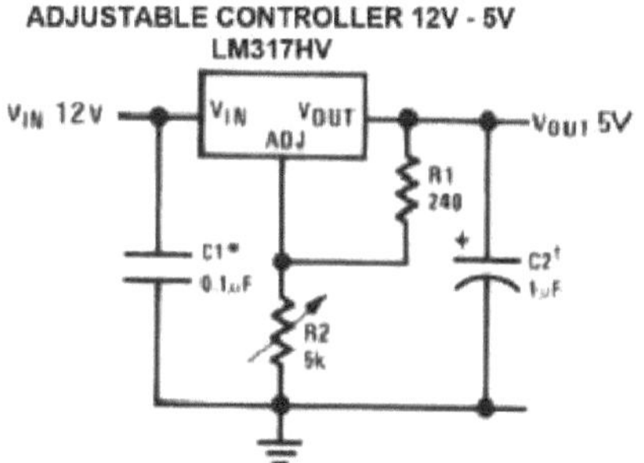

Fig. 6.2 Configuração típica de um regulador de tensão.

A tensão de saída é regulada pela seguinte equação:

$$V_{out} = 1.25V\left(1 + \frac{R2}{R1}\right) + I_{ADJ}R_2$$

O sistema não consome mais do que $1{,}25\ \text{A so}\ I_{ADJ} = 0$

$$V_{out} = 1{,}25(1 + R_2/R_1) + 0$$

$$5/1{,}25 - 1 = R_2/R_1$$

$$R_2 = (5/1{,}25 - 1) * 240$$

$$\boldsymbol{R_1 = 240\ \Omega \qquad R_2 = 270\ \Omega}$$

Onde IADJ é o excesso de corrente que o sistema gera quando passa de 1,5A para a saída.

O diagrama 6.1 abaixo mostra o diagrama esquemático do circuito projetado para a fase de alimentação.

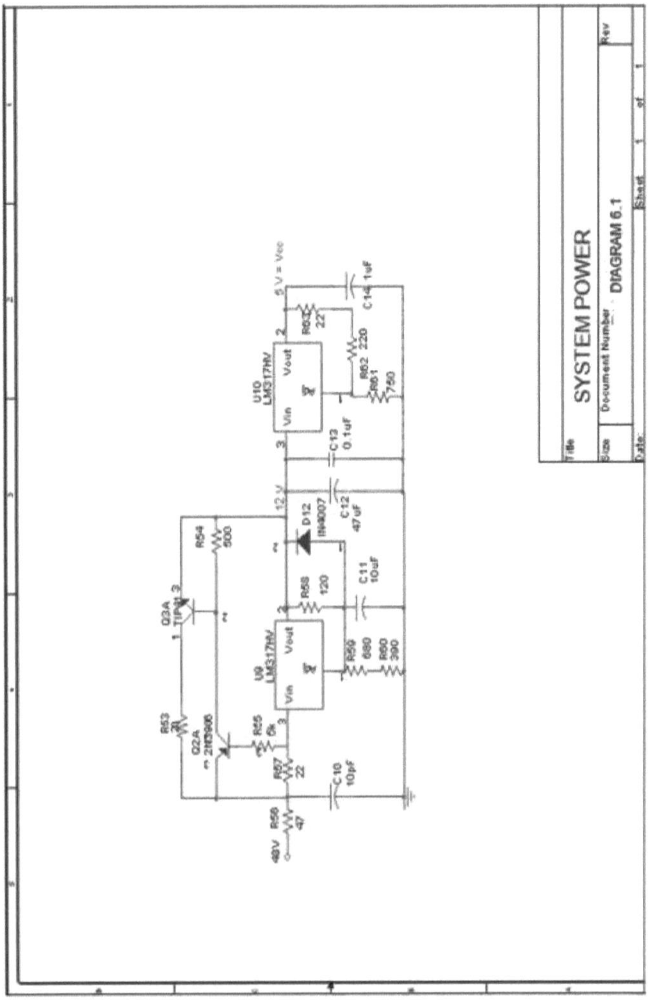

6.2.2 TELEFONE HÍBRIDO

Nos circuitos híbridos formados por transformadores diferenciais, obtém-se um híbrido utilizando uma rede de equilíbrio com parâmetros distribuídos (L, R, C) que imita imperfeitamente o comportamento da linha telefónica para uma única gama de frequências de voz.

Por este motivo, o circuito concebido utiliza amplificadores operacionais TL082 JFET de baixo ruído que, quando utilizados como somadores, amplificam os sinais e, quando utilizados como subtractores, eliminam os sinais indesejados ou ecos.

A dificuldade na utilização de amplificadores é a sua caraterística de funcionamento em modo comum, pois não eliminam todo o sinal indesejado quando a entrada é a mesma em ambos os terminais, mas é possível reduzir bastante este sinal.

Receção	Linha	Transmissão
100 mV	160mV	15 mV
OmV	40 mV	80 mV

Tabela 6.1 Valores obtidos a partir dos sinais gerados pelo híbrido.

Observa-se que para uma receção de 100 mV o sinal é amplificado na linha para 160 mV mas aparece um sinal indesejado de 15 mV na transmissão; um sinal aplicado na linha de 100 mV sofre uma perda por acoplamento de impedância reduzindo-se a 40 mV que é amplificado para ser transmitido a 80 mV, sendo nulo ou 0 mV na receção.

Esta não varia em diferentes frequências e a utilização de amplificadores não distorce os sinais.

O diagrama 6.2 mostra o circuito híbrido telefónico utilizado no sistema.

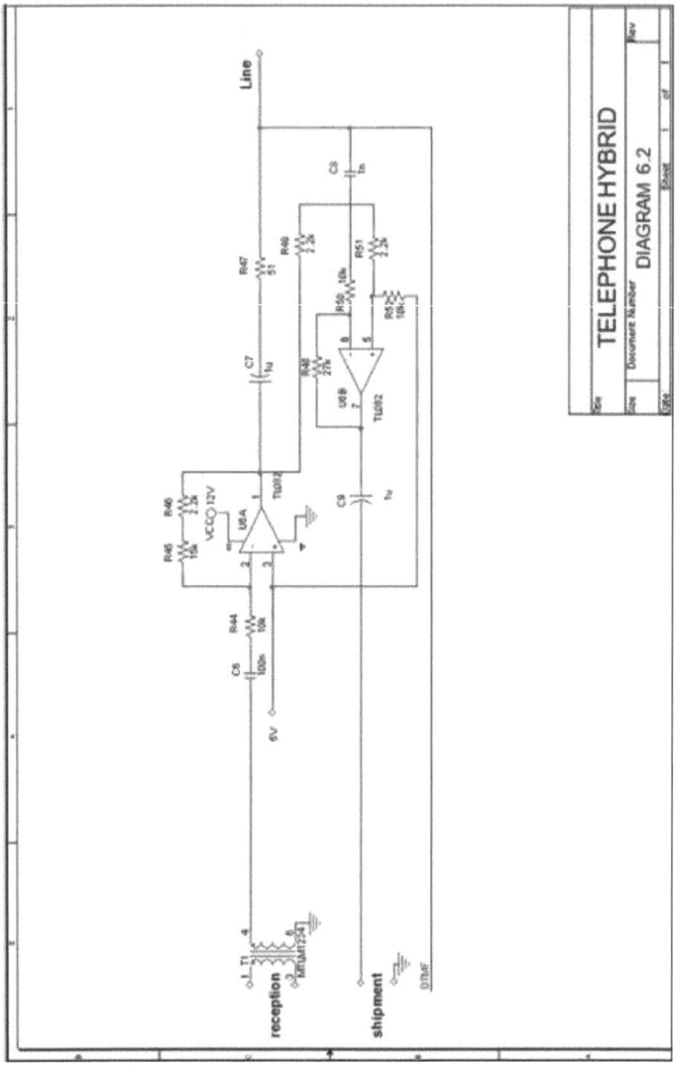

6.2.3 SINALIZAÇÃO E&M

A sinalização analógica de corrente contínua utilizada no novo sistema de comutação telefónica que está a ser concebido é do tipo 1.

Sinalização E&M típica		
Estado	*M*	*E*
Pendurado	*GND*	*Aberto*
Fora do gancho	*-48 V*	*GND*

Tabela 6.2 Caraterísticas eléctricas da sinalização E&M utilizada.

Pode ser visto no diagrama 6.3 o circuito que realiza a sinalização E&M na Placa Central de Processamento, o acesso ao sistema é realizado pelo pino REO programado como saída que é inicializado com um nível deOV (lógico 0).
Quando o assinante que pretende ocupar o sistema pega no telefone, o pino REO é comutado para 5 V (lógico 1) provocando uma comutação no optoacoplador PC817 (U7) que muda o estado de M de GND para -48 V, uma pequena tensão cai no optoacoplador o que dá uma margem de erro de 5 V, também um LED visual é ativado quando esta mudança é gerada.
Quando o sinal E muda o seu estado de aberto para GND (o sistema recebe um E), um fluxo de corrente ativa o optoacoplador PC817 (U8), gerando no pino RE1 (que está programado como entrada) uma tensão de 5 V.
Isto faz com que o microcontrolador PIC16F877 entenda que o sistema é capturado pela conversa em curso, o LED E é ativado quando o sinal E muda o seu estado de Aberto para GND.

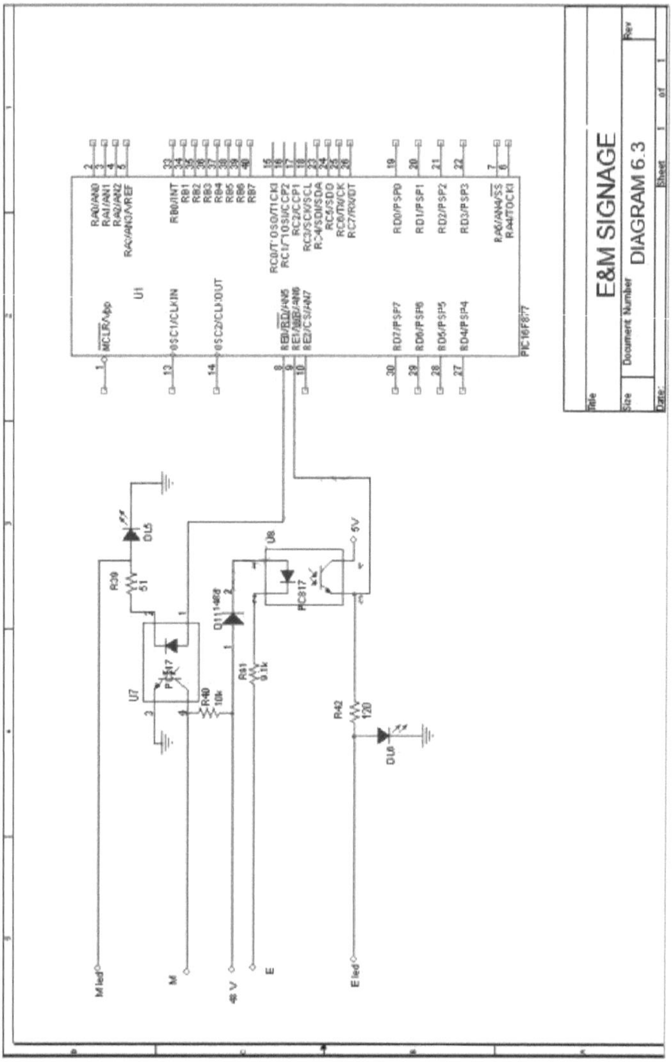

6.2.4 DESCODIFICAÇÃO DTMF

O chip descodificador DTMF MT8870DE com 18 pinos DIP de plástico foi utilizado no sistema para a descodificação da marcação telefónica, este chip tem as seguintes caraterísticas

- Recetor DTMF completo.
- Baixo consumo de energia.
- Amplificadores de ganho interno.
- Tempo de permanência ajustável.

- Modo de paragem.
- Modo inibido.

O MT8870DE é um recetor DTMF completo que integra funções de filtro divisor de bandas e descodificação digital. A secção de filtro utiliza técnicas de condensadores comutados para filtrar grupos de frequências altas e baixas.

Este descodificador utiliza técnicas de contagem digital para detetar e descodificar os 16 pares de tons DTMF num código de 4 bits, a quantidade de componentes externos é minimizada pela entrada do amplificador diferencial, um oscilador e um barramento de interface interno com atraso de 3 estados.

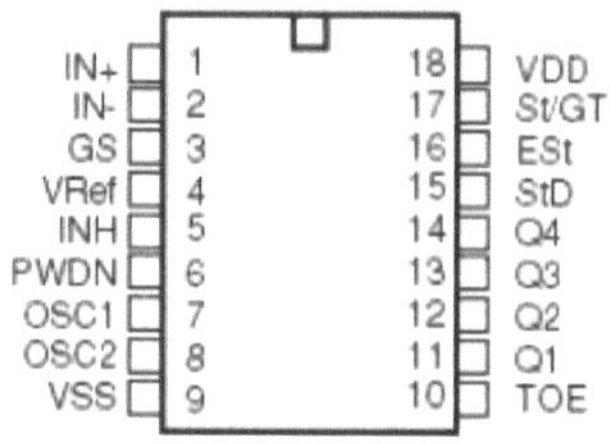

Fig. 6.3 MT8870DE DIP de plástico de 18 pinos.

Este circuito apresentado na Figura 6.3 apresenta excelentes caraterísticas em termos de relação custo/desempenho, com um único circuito integrado e alguns componentes externos discretos obtém-se um dispositivo capaz de entregar o código binário da tecla premida num telefone através de tons multifrequência.

Descodifica os tons DTMF presentes na entrada "IN+" ou "IN-" em sinais BCD (Q4, Q3, Q2, QI), como mostra a tabela 6.3, o pino SID passa para o nível lógico 1 quando a unidade integrada reconhece um tom válido, o MT8870DE requer externamente um cristal de quartzo de 3,58 MHz e é alimentado com 5 V, sendo também compatível com microcontroladores PIC.

Digit	TOE	INH	ESt	Q_4	Q_3	Q_2	Q_1
ANY	L	X	H	Z	Z	Z	Z
1	H	X	H	0	0	0	1
2	H	X	H	0	0	1	0
3	H	X	H	0	0	1	1
4	H	X	H	0	1	0	0
5	H	X	H	0	1	0	1
6	H	X	H	0	1	1	0
7	H	X	H	0	1	1	1
8	H	X	H	1	0	0	0
9	H	X	H	1	0	0	1
0	H	X	H	1	0	1	0
*	H	X	H	1	0	1	1
#	H	X	H	1	1	0	0
A	H	L	H	1	1	0	1
B	H	L	H	1	1	1	0
C	H	L	H	1	1	1	1
D	H	L	H	0	0	0	0

Quadro 6.3 Descodificação funcional.

O Diagrama 6.4 mostra a utilização de um dispositivo MT8870DE num sistema de receção típico, com sinais de entrada inferiores a -34 dBm sendo definidos como níveis não operacionais, esta condição pode ser evitada selecionando valores apropriados de R1 e R2 para fornecer uma atenuação de 3 dB, de modo a que um sinal de entrada de -34 dBm corresponda a -37 dBm no terminal de programação de ganho.

O esquema mostra também os valores dos componentes R3 e C2 para os tempos necessários para manter o sinal ativo com uma tolerância de 6%. O sinal proveniente da linha telefónica é isolado por meio de 2 resistências R1 e R2 mais um condensador Cl que impede a passagem de corrente contínua deixando o áudio circular.

Para o seu funcionamento o CI necessita de uma base de tempo gerada neste caso pelo cristal de quartzo de 3,579545 MHz, uma vez recebido um tom, descodificado e validado como correto o seu valor binário é colocado nos terminais QI Q2 Q3 Q4, por sua vez o terminal SID fica alto indicando a presença dos dados na saída, permanece alto durante algum tempo pelo que é utilizado como interrupção de descodificação válida quando aplicado à entrada RBO do uC PIC16F877.

6.2.5 DIAGRAMAS DE FLUXO

A Figura 6.4 mostra um resumo das operações efectuadas pela placa central de processamento no arranque, quando o sistema é energizado.

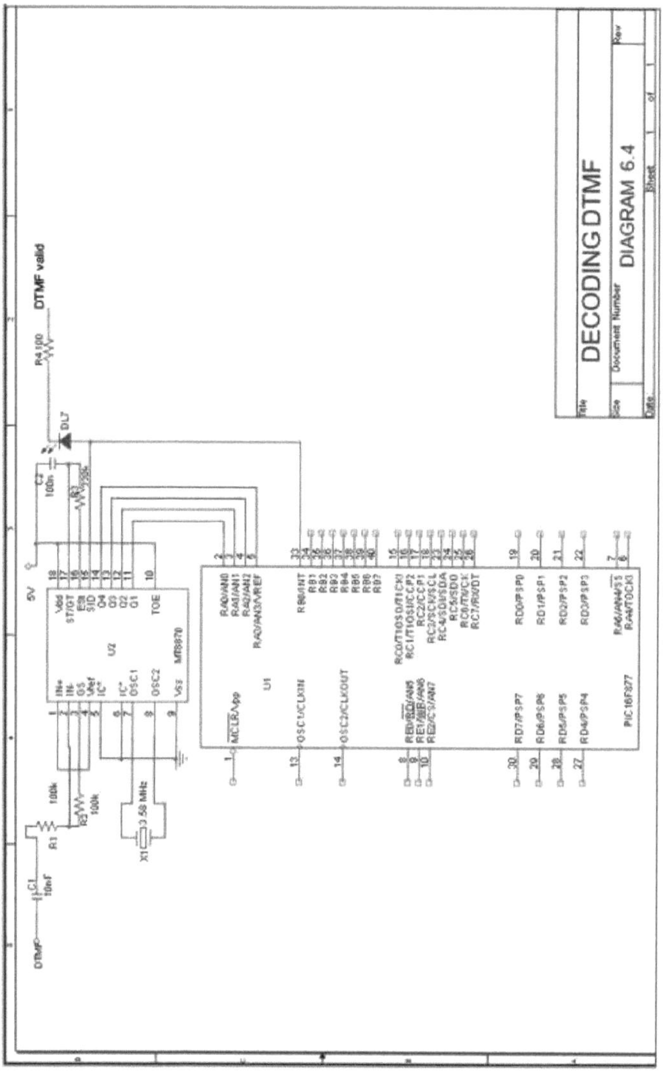

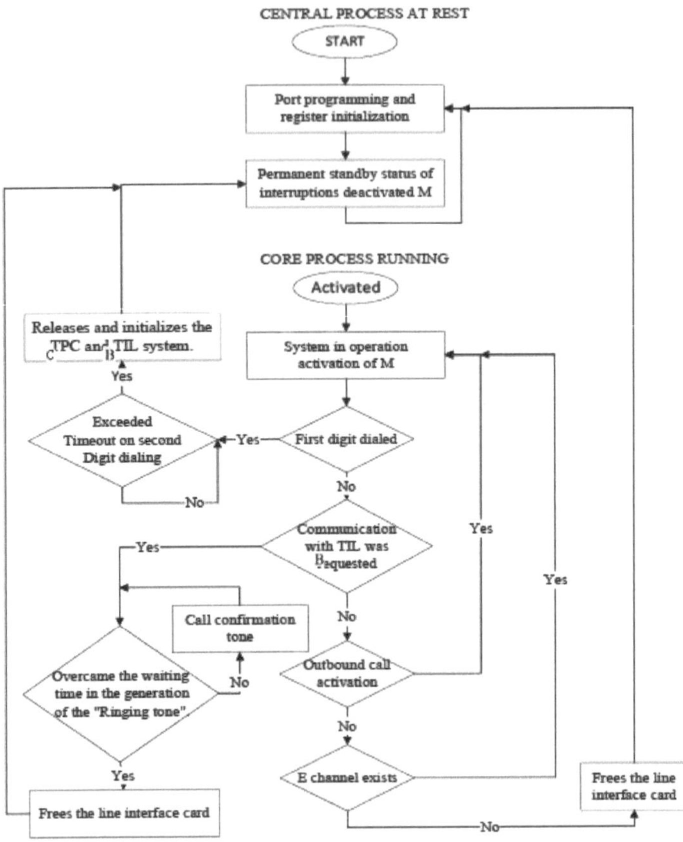

A Fig. 6.4 mostra o diagrama de fluxo do CPC.

A figura 6.5 mostra as operações efectuadas quando o CPC recebe uma interrupção através da porta RBO.

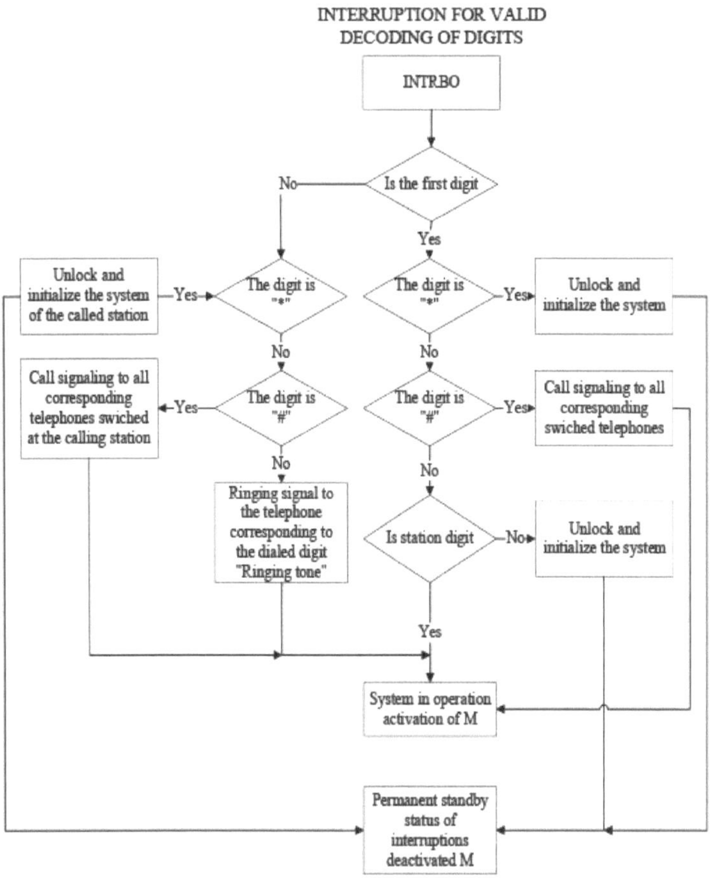

Fig. 6.5 Interrupção através da porta RBO.

A figura 6.6 mostra o fluxograma do procedimento seguido pelo TPC quando recebe uma interrupção devido à mudança de estado no nible alto da porta B.

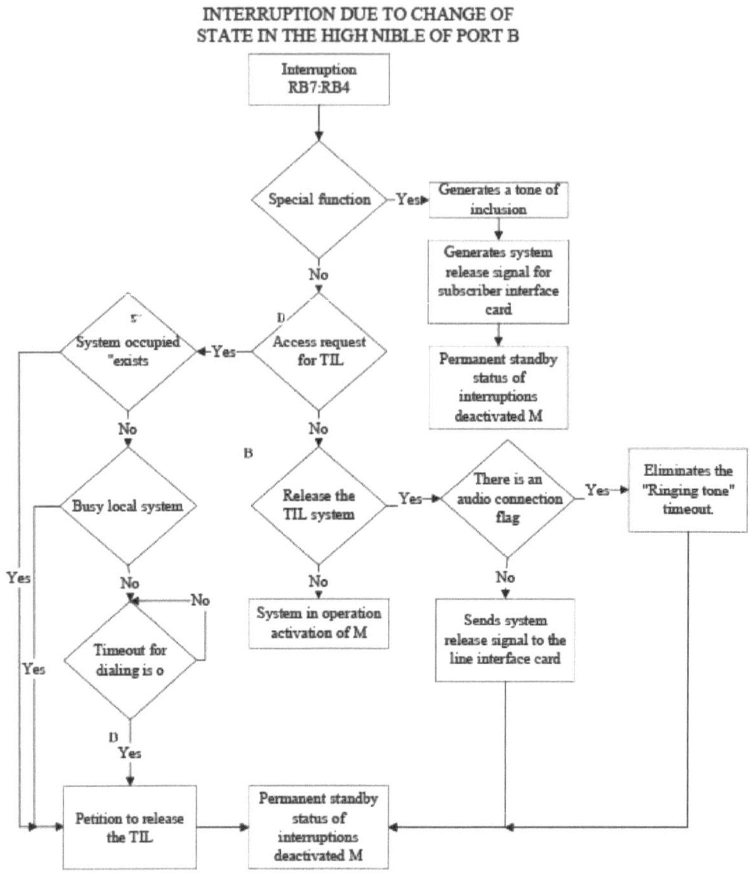

Fig. 6.6 Interrupção devido a uma mudança de estado no porto B.

O diagrama de circuito resultante para o CPC é agora apresentado juntando os diferentes módulos que foram concebidos.

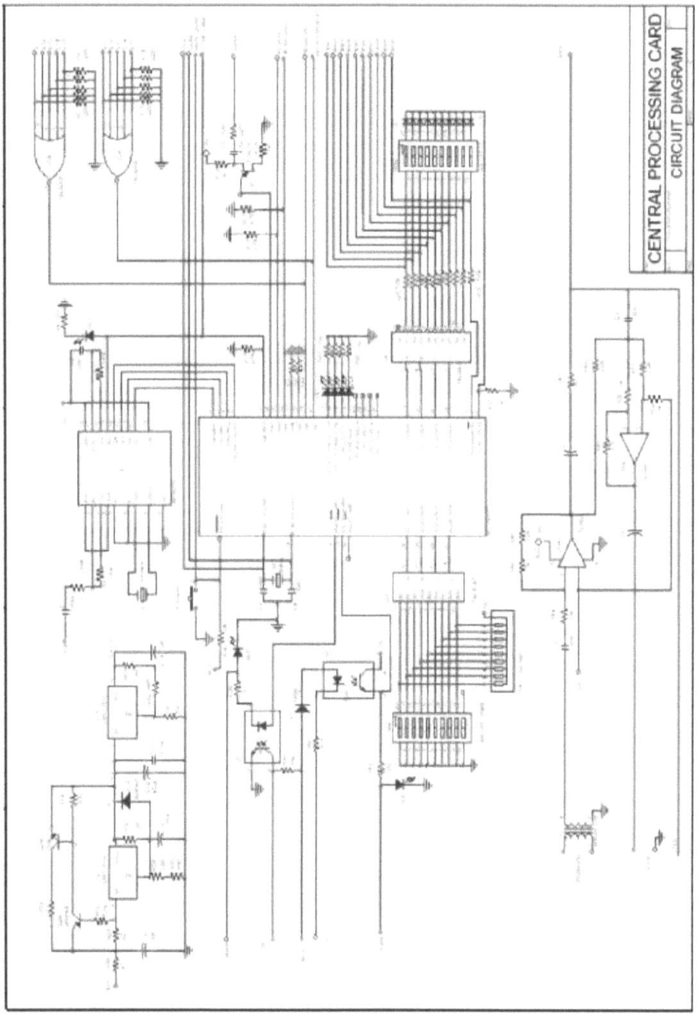

6.3 PLACA DE INTERFACE DE LINHA

A placa de interface de linha ou BIL realiza a alimentação DC ou DC loop para dois telefones e troca informações com a placa de processamento central sobre o estado da chamada, o módulo principal desta placa é:

- Pendurado / Fora do gancho e a tocar.

6.3.1 PENDURADO / FORA DO GANCHO E A TOCAR

Qualquer linha telefónica normal funciona com uma diferença de potencial entre os seus terminais de 48 volts DC, quando um sinal de chamada telefónica está a ser enviado é-lhe adicionado um sinal AC (o sinal de toque), este sinal alternado tem uma tensão na gama de 40 a 130 volts AC, uma frequência que pode ser entre 20 Hz e 60 Hz, dependendo das caraterísticas da central telefónica.

O circuito projetado é capaz de separar este sinal alternado do valor de 90 Vrms e 20 Hz que o telefone toca, evitando que danifique componentes que não suportam este tipo de tensão.

Uma linha telefónica fixa estabelece o sistema de comunicação por cabo a dois fios, no estado de repouso entre os dois fios Tip e Ring aparece uma tensão contínua de 48 volts.

Quando o aparelho telefónico é levantado, circula pelo telefone uma corrente contínua que depende do comprimento da linha e da sua qualidade; esta corrente situa-se entre 20 mA e 60 mA, embora por vezes possa atingir 100 mA, o que daria uma resistência no circuito entre 2400 Q e 800 Q, respetivamente.

A corrente que passa pela BIL é de 40 mA quando o telefone é tirado do gancho, resultando numa resistência do laço de 1200 Q, o que equivale a estender a linha 4,2 km a partir do comutador usando fio de cobre de 0,4 mm de diâmetro. Através da comutação é possível estender a linha telefónica a cerca de 1,5 km do equipamento.

O fluxo de corrente no laço telefónico é pequeno devido à elevada impedância do telefone quando está no gancho ou inativo, quando está fora do gancho ou ativo uma corrente de 40 mA que flui através do laço ativa dois optoacopladores PC817 com IF = 50 mA que geram um sinal contínuo de 5 V que é interpretado como um acesso ao sistema (interrupção) através do pino RB0 do microcontrolador PIC16F84.

Da mesma forma, se alguém desligar o telefone na linha, há uma alta impedância que elimina o fluxo de corrente, o que desactiva os optoacopladores PC817, causando uma mudança de lógica 1 para lógica 0 no pino RB0, o que também gera uma interrupção no sistema que liberta o cartão, ver figura 6.7

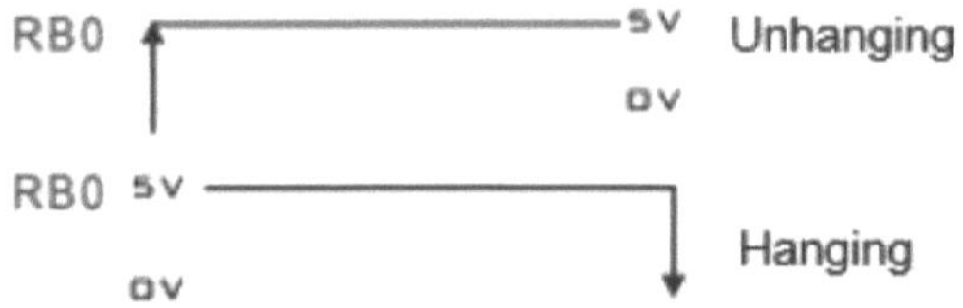

Fig. 6.7 Níveis de tensão presentes no pino RB0.

A interrupção no pino RBO é programada na borda ascendente e depois na borda descendente para fora do gancho e no gancho, respetivamente, maximizando assim a utilização da interrupção neste pino do microcontrolador PIC16F84.

Cada vez que um assinante deve ser tocado, o uC através do pino RB3 ativa os 2 micro-relés LBA110 desligando a ponta e o anel da fonte de alimentação de 48 V e ligando-os ao gerador de toques no telefone a tocar, isto é feito com uma cadência de 1 segundo ativo e 3 segundos em pausa, protegendo assim o sistema da tensão que gera o tom de toque.

O diagrama 6.5 mostra o circuito concebido para detetar operações no gancho, fora do gancho e de toque.

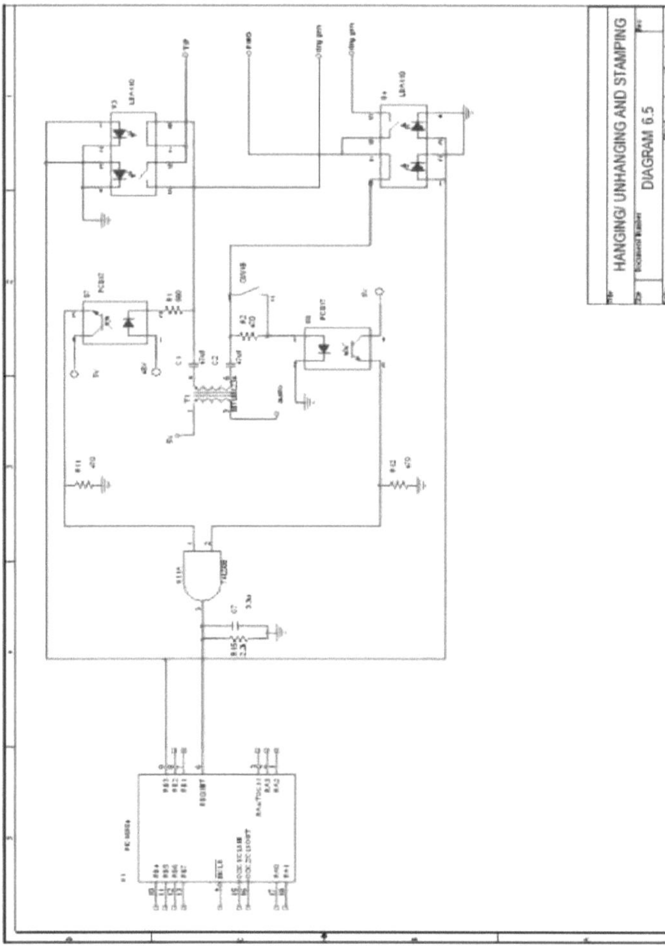

6.3.2 FLUXOGRAMAS

A Figura 6.8 mostra um resumo do que a BIL efectua, incluindo as operações realizadas quando recebe uma interrupção na porta RBO.

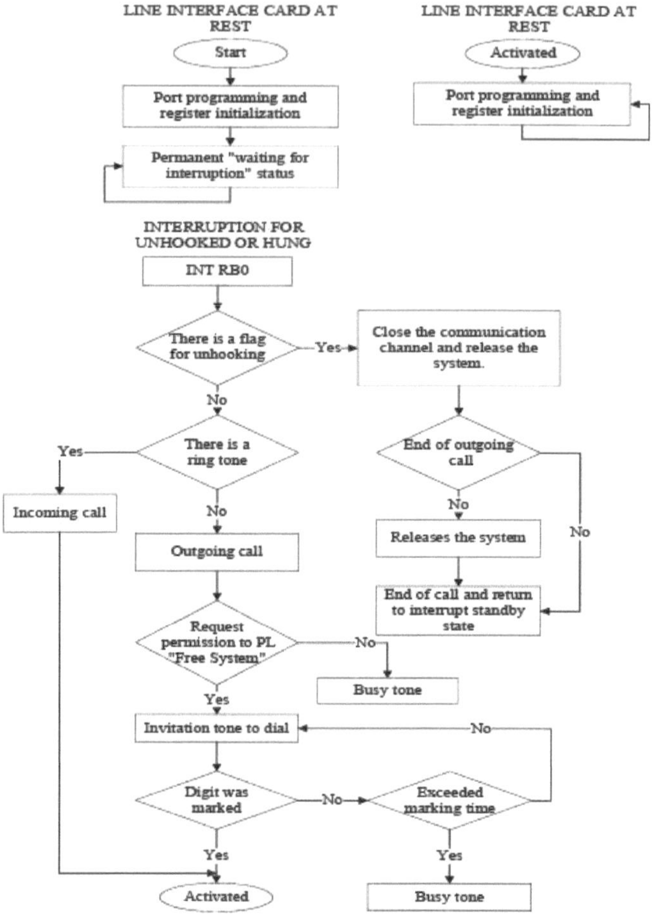

Fig. 6.8 BIL ativa com interrupção RBO.

A figura 6.9 mostra as operações efectuadas pela BIL quando recebe uma interrupção devido a uma mudança de estado no nível alto da porta B.

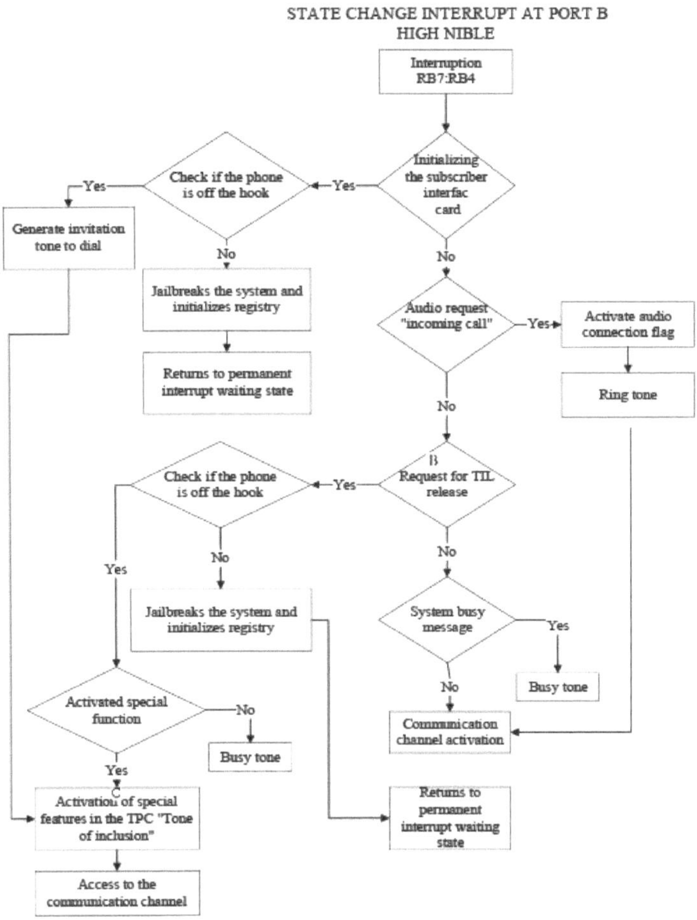

Fig. 6.9 Interrupção na alta tensão do porto B.

O diagrama completo do circuito da BIL de dois assinantes é agora apresentado.

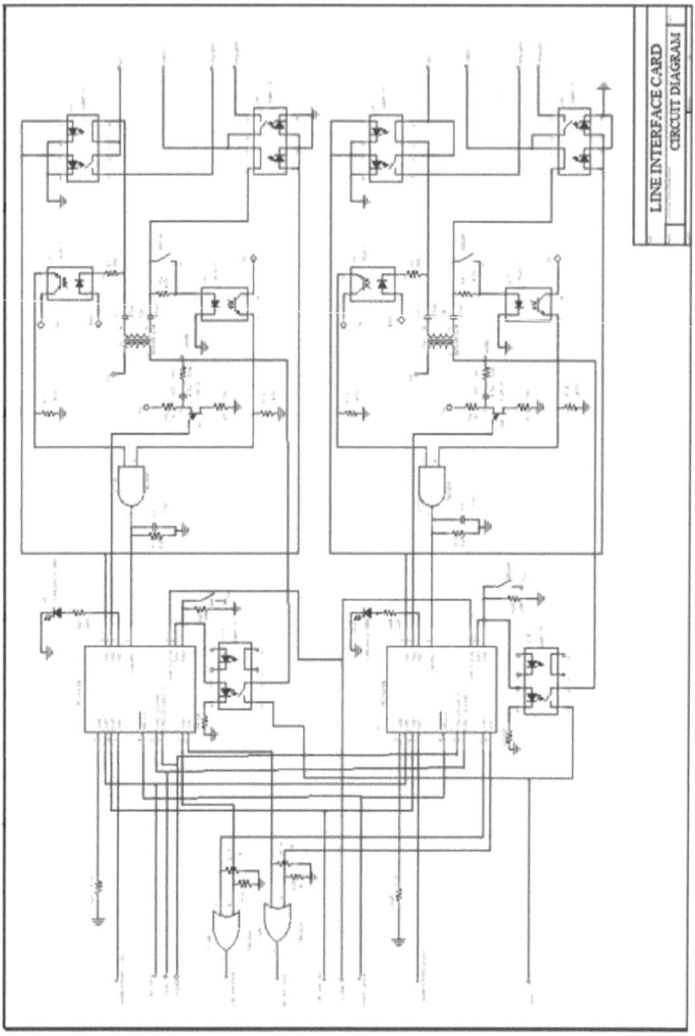

6.4 INTEGRAÇÃO DE COMPONENTES

Numa comunicação telefónica os eventos não obedecem a um determinado período de tempo e estão sempre ao sabor da vontade do assinante, por isso não é possível calcular o tempo de cada processo numa comunicação e mais do que isso, cada processo elimina um processo que está a ser realizado, por exemplo, ao pegar no telefone o assinante recebe um tom de convite à marcação, este tom mantém-se até o assinante marcar um dígito, o que elimina o tom de convite à marcação.

Tendo isto em conta, a comunicação entre a Placa Central de Processos e as Placas de Interface de Linha é feita através de interrupções, com um tratamento sequencial

das variáveis em cada processo da comunicação telefónica.
A comunicação entre o CPC e as BILs é feita através da porta B, o CPC utiliza os pinos RB3 (libertação do sistema) e RB2 (interrupção do processo) para comunicar com a BIL, recebe informações da BIL como uma interrupção no nível alto da porta B nos pinos RB7 (acesso local) e RB6 (libertação do sistema) e utiliza a combinação de ambos os pinos para receber uma interrupção e executar a caraterística de função especial.
A BIL comunica com o CPC através dos pinos RAO (libertação do sistema) e RAI (acesso local), recebe informações do CPC sob a forma de interrupções na porta B high nible nos pinos RB7 (ligação áudio), RB6 (libertação do sistema) e RB5 (interrupção do processo).
O diagrama 6.6 mostra o circuito concebido para a interconexão das BIL com o TPC.

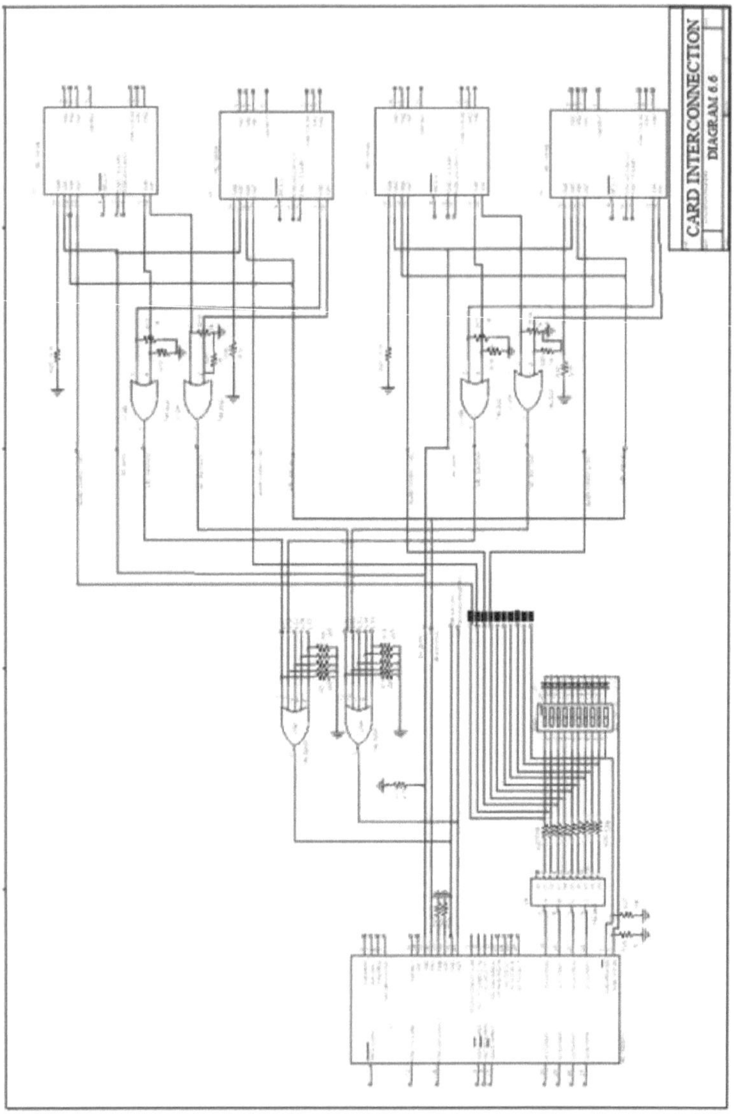

6.5 GERAÇÃO DE FREQUÊNCIAS BÁSICAS E ATRASOS

Parte do programa inclui a geração da frequência básica de 400 Hz para a formação dos tons de serviço, bem como as sub-rotinas de atraso de 0,5 segundo e 1 segundo para a geração desses tons.

Um oscilador de cristal externo de 4 MHz é utilizado como relógio nos microcontroladores das placas, cada instrução é executada em 4 ciclos de relógio, ou seja, a 1 MHz (4MHz/4).

Os microcontroladores têm internamente um registo temporizador TMRO (0 a 255) de 8 bits que muda de valor à frequência de funcionamento de cada instrução (1 MHz), esta frequência pode ser alterada através do registo de função especial OPTION_REG nos bits 0, 1 e 2 como mostra a tabela 6.4 fornecida pelo fabricante na folha de dados.

Valor do bit	TMR 0 rácio
000	1: 2
00 1	1:4
0 1 0	1: 8
0 1 1	1 16
1 00	1 32
1 0 1	1 64
1 1 0	1 :128
111	1 :256

Tabela 6.4 Frequência de funcionamento de acordo com os bits 0, 1, 2 de OPTION_REG.

Assim, dependendo do valor do prescaler, a frequência de 1 MHz a que o registo TMRO muda será dividida por 2, 4, 8, 16, 32, 64, 128 e 256, respetivamente.

No nosso caso os bits do prescaler estão programados como 100b em binário, o que significa uma divisão da frequência por 32 para a alteração do valor do registo TMRO, resultando numa frequência de 31250 Hz (1 MHz/32), para obter os 400 Hz é necessário dividir esta frequência por 78 (4E hex), isto é conseguido através de um ciclo na sub-rotina de atraso "retar" até que o valor do registo TMRO passe de 0 para 4E hex.

```
retar     CLRF     TMR0
DELAY2    MOVF     TMR0,W
H
          XORLW    0x4E
          BTFSS    STATUS
                   ,Z
     GOTO             DELAY2H
          RETURN
```

Para o atraso de 0,5 segundos (2 Hz) que é usado na geração de tons, a frequência de 31250 Hz é dividida por 255 usando o controlo do registo TMRO, depois dividida novamente por um ciclo de atraso por 62 para obter o atraso de 2 Hz (0,5 seg.).

A sub-rotina "delay" tem em conta o valor do registo de trabalho W para obter valores múltiplos de 0,5 segundos, como 1 segundo, utilizados na geração de tons e na visualização dos LEDs indicadores, pelo que antes de chamar esta sub-rotina de delay o registo W deve ser deixado num valor qualquer (W=l para0,5seg.).

```
delay       MOVWF   retaW
reta2       MOVLW D'62'
            MOVWF cont
            MOVLW 0x04
            MOVWF   TMR0
DELAY1H     MOVF        TMR0, 0
            XORLW   0xFF
            BTFSS       STATUS,Z
            GOTO        DELAY1H
            MOVLW   0x04
            MOVWF   TMR0
            DECFSZ  cont,1
            GOTO        DELAY1H
            DECFSZ  retaW,1
            GOTO        reta2
            RETURN
```

Desta forma, é possível obter vários atrasos de 0,5 segundos a partir de uma única sub-rotina, as caraterísticas dos tons utilizados e as suas cadências são apresentadas abaixo.

6.6 . DESEMPENHO DO SISTEMA

Depois de marcar o primeiro dígito, o assinante pode atender o sistema se este estiver livre. Ao atender o telefone, a BIL emite um tom de marcação, o assinante tem 10 segundos para marcar o primeiro dígito, caso contrário o sistema liberta o canal gerando um tom de ocupado.

Se o assinante marcar o primeiro dígito, o sistema dá um tempo limite de 10 segundos para marcar o segundo dígito; caso contrário, o sistema é libertado, ignorando qualquer dígito marcado anteriormente e gerando um tom de ocupado no telefone do assinante.

No final da marcação de 2 dígitos, o telefone chamado tocará durante 20 segundos; se durante este período de tempo não houver resposta, a parte chamadora receberá um tom de ocupado.

Se o assinante chamado pegar no seu telefone antes do fim do tempo de toque, a comunicação será estabelecida até que o assinante de origem desligue, e só o assinante de origem pode libertar o sistema.

6.6.1 FUNÇÕES ESPECIAIS

As diferentes funções especiais presentes no sistema de comutação são especificadas a seguir.

6.6.1.1 TECLA IGNORAR (*)

Ao receber a descodificação desta tecla, o processador reinicia todo o sistema, dando ao assinante um tom de marcação, se foi o assinante que iniciou a chamada.

6.6.1.2 DÍGITO DE ESTAÇÃO + (*)

Ao marcar depois de marcar o primeiro dígito, o assinante chamador apenas reinicia a estação à qual corresponde o primeiro dígito marcado. Para utilizar esta propriedade, a marcação não deve exceder 10 segundos após a marcação do primeiro dígito.

6.6.1.3 CHAMADA PARA TODOS (#)

Com esta tecla o processador tocará todos os telefones comutados correspondentes, o tempo de toque será de 20 segundos após o último telefone ser atendido, após este tempo nenhum telefone chamado poderá entrar na comunicação.

Se os telefones chamados desligarem, o sistema não é libertado, cai quando o assinante de origem desliga, o tom de confirmação da chamada não é sincronizado com o toque dos telefones chamados.

6.6.1.4 DÍGITO DE ESTAÇÃO + (#)

Ao marcar depois de marcar o primeiro dígito, a parte chamadora tocará em todos os telefones comutados correspondentes na estação a que corresponde o primeiro dígito marcado.

6.6.1.5 FUNÇÃO ESPECIAL

Neste caso é necessário mudar o SW1A e reiniciar o sistema pressionando Pl, o assinante com esta caraterística nunca será excluído do sistema e entrará na comunicação gerando um tom de inclusão, após este tempo todos os telefones cairão do sistema.

Será ouvido um tom de marcação no telefone que está ativado com a função especial e a chamada será feita normalmente. Para o melhor desempenho do sistema, é aconselhável utilizar esta função especial o menos possível.

6.6.1.6 CHAMADA EXTERNA EFECTUADA (A)

Ao premir a tecla "A", o sistema dá a possibilidade de fazer uma chamada para a central externa local do nosso ambiente, ou seja, fazer uma chamada local ou de longa distância.

No nosso caso, o CPC, ao receber e decodificar a tecla "A", fará com que os dois fios do assinante passem para os fios de uma linha telefônica externa; para que isso seja possível, essa linha externa deve estar conectada ao equipamento, além de possuir um teclado estendido.

Uma vez descodificada esta tecla, o microcontrolador efectua a comutação externa e bloqueia a receção da descodificação DTMF enquanto estiverem presentes sete dígitos válidos, que correspondem ao número do telefone externo chamado.

6.6.2 SERVIÇOS AOS ASSINANTES

Os tons de serviço fornecem ao assinante informações sobre a comunicação que está a ser efectuada e o estado do sistema.

Nos tons de assinante, as frequências estão na parte inferior da banda de voz e não

se sobrepõem às multifrequências DTMF, melhorando assim a segurança do sistema.
A Tabela 6.5 especifica a utilização de tons de frequência única (monótonos) e a sua cadência.

TOM	CADÊNCIA	FREQUÊNCIA Y
Convite para marcar	Contínuo	400 Hz
Confirmação de chamada	1 s de tom/3 s de pausa	400 Hz
Ocupado	0,5 s de tom/0,5 s de pausa	400 Hz
Inclusão	0,25 s de tom/3 s de pausa	400 Hz
Campainha	1 s de tom/3 s de pausa	50 Hz (120 Vpp)

Tabela 6.5 Cadência do serviço e do toque de chamada.

6.6.2.1 CONVITE PARA TOM DE MARCAÇÃO

Este é um tom contínuo que se ouve quando se pega no telefone, quando o sistema está livre para receber a marcação e efetuar a chamada, é necessário esperar por este tom antes de marcar qualquer dígito.
O tom deve ser interrompido assim que o assinante inicia a marcação, a forma de onda para este tom é mostrada na Figura 6.10.

400 Hz

Fig. 6.10 Convite por tom de marcação.

6.6.2.2 TOM DE CONFIRMAÇÃO DE CHAMADA

Este tom estará presente enquanto a parte chamada tocar, sendo interrompido quando a parte chamada atender ou a parte chamadora desligar.

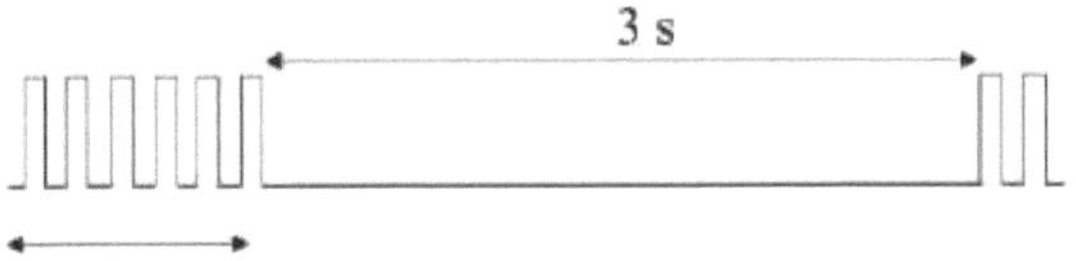

Fig. 6.11 Tom de confirmação da chamada.

6.6.2.3 SINAL DE OCUPADO

Estará presente em várias circunstâncias, tais como:

- Quando o sistema está ocupado.
- O assinante que está a gerar a chamada desliga.
- Ao efetuar uma chamada, não inicia o processo de marcação dentro de um intervalo de tempo após receber o tom de marcação.
- O tempo de marcação do segundo dígito terminou.

- O assinante chamado não atende o telefone, terminando o tempo de tom de toque.

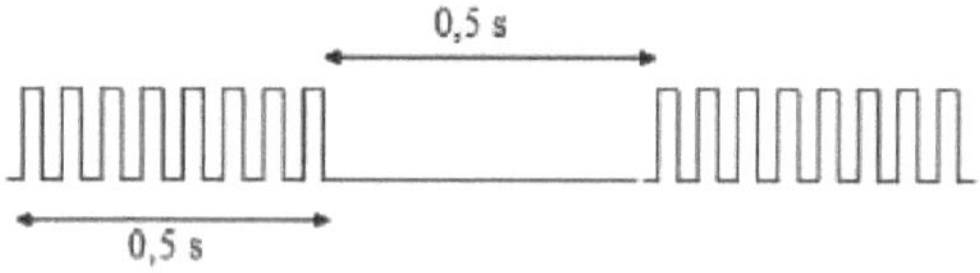

Fig. 6.12 Tom de ocupado.

6.6.2.4 TOM DE INCLUSÃO

O sistema alerta os assinantes que estão em conversação com este tom caraterístico quando outro assinante se junta à conversação, a sinalização é mantida enquanto o outro assinante não desligar.

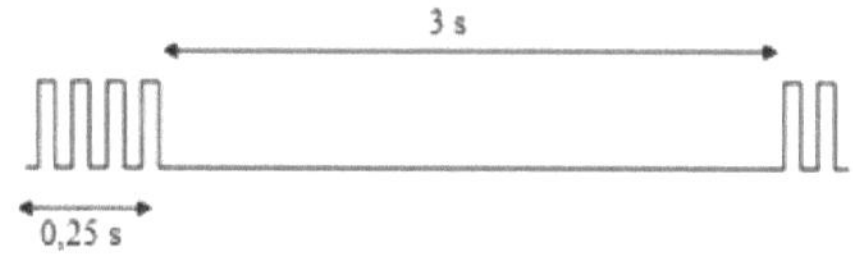

Fig. 6.13 Tom de inclusão.

6.6.2.S TOQUE DE CHAMADA

Este tom é transmitido e está presente como um aviso de uma chamada recebida.

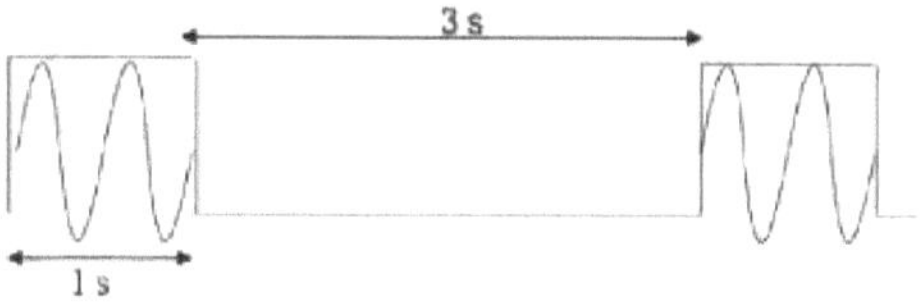

Fig. 6.14 Toque de chamada.

6.7 CONTROLO VISUAL POR MEIO DE LEDS

Agora mostramos os diferentes casos que ocorrem em ambos os cartões e a sua respectiva representação através de LEDs indicadores.

Cartão de processamento central

C3 C2 Cl CO	EM	DTMF	FUNÇÃO
O O O O	O O	O	Descodificação DTMF válida
O O O O	O O	O	Estado de espera de interrupção permanente
O O O O	O O	O	Estado permanente de funcionamento
O O O O	– –	O	Chamada recebida (entre equipamentos)
O O O O	O –	O	Chamada efectuada
O O O O	O O	O	Tempo de eliminação do toque
O O O O	O O	O	Tempo limite para marcação de 2do

			dígitos
Q Q Q Q Q	Q Q	Q	Ativação da função especial
			Tempo de permanência do tom de convite
			Libertação do sistema
			Ativação da propriedade (#) chamada a todos
			Ativação do bem (*) ignorar
			Chamada de equipamento de saída
			Chamada de entrada para o equipamento de outro equipamento

Placa de interface de linha

Bl	FUNÇÃO
O	Sistema em estado de espera interrompido (telefone disponível)
	Sistema em funcionamento (telefone ocupado)

CAPÍTULO VII

ANÁLISE ECONÓMICA DO PROJECTO

7.1 AVALIAÇÃO DOS CUSTOS

No início deste projeto, um dos objectivos era obter um equipamento fiável e de baixo custo, o que foi conseguido através da conceção das placas com um número reduzido de componentes.

O mais importante é a implementação de componentes electrónicos de última geração e económicos, que são os microcontroladores.

7.1.1 CUSTO DOS COMPONENTES

Deve ter-se em conta que o custo de implementação de cada cartão dependerá do preço de aquisição dos componentes que o constituem e que pode variar, pelo que os preços unitários de todos os componentes utilizados são detalhados a seguir.

CARTÃO DE PROCESSAMENTO CENTRAL

Componentes	Descrição	Quantidade	Preço cada SUS	Preço total SUS
Condensadores				
	Cerâmica 100 nF	5	0,14	0,70
	Cerâmica 22 pF	2	0,14	0,28
	Tântalo; 4,7 pF de25 V	1	0.28	0.28
	Eletrolítico lpF15V	3	0.14	0.42
	Eletrolítico 10pF63V	1	0.14	0.14
	Eletrolítico 10pF25V	1	0.14	0.14
	Eletrolítico 47 pF 25 V	3	0.14	0.42
Díodos				
1N4148	Díodo	10	0.07	0.70
148D	Díodo geral Io =200 mA	1	0.07	0.07
1N4007	Díodo Rect. para fins gerais Io=1,5 A	1	0.04	0.04
Leds Díodos				
	Díodos indicadores LED	7	0.07	0.49
Transístor s				
2N3819	JFET canal N TO-92	1	0.80	0.80
2N3906	Pré-amplificador PNP-Si AF	1	0.14	0.14

	TO-92			
TIP41	Transístor PNP de potência TO220	1	0,43	0,43
Resistências				
	Carvão 100 kQ %W5%	2	0.04	0.08
	Carvão 330kQ %W5%	1	0.04	0.04
	Carvão 100Q%W5%	1	0.04	0.04
	Carvão 220Q / W5%$^1_4$	15	0.04	0.60
	Carvão2.7kQ%W5%	4	0.04	0.16
	CarvãoQ%W5%	2	0.04	0.08
	Coall50Q%W5%	5	0.04	0.20
	Carvão 180Q%W5%	2	0.04	0.08
	Carvão5.6kQ%W5%	10	0.04	0.40
	Carvão 10kQ %W5%	5	0.04	0.20
	Carvão51 Q%W 5%	2	0.04	0.08
	Carvão 9.1kQ%W5%	1	0.04	0.04
	Coall20Q%W5%	2	0.04	0.08
	Matriz SIP de 8 + 1 pino 220Qde%W5%	1	0,36	0,36
	Coall5kQ%W5%	1	0,04	0,04
	Carvão2.2kQ%W5%	3	0,04	0,12
	Fio 20Q5W 5%	1	0,36	0,36
	Carvão510Ql/4W5%	1	0,04	0,04
	Carvão 470Q%W5%	2	0.05	0.10
	560 Q fio de5W	1	0.36	0.36
	470Qwireof5W	1	0.36	0.36
	Carvão5.1kQ%W5%	1	0.04	0.04
	Fio 47Q10W 5%	1	0.72	0.72
	Carvão 22Q / W5%$^1_4$	2	0.04	0.09
	Carvão 680Q%W5%	1	0.04	0.04
	Carvão 390Q%W5%	1	0.04	0.04
	Carvão 750Q / W5%$^1_4$	1	0.04	0.04
Interruptores				
	Interruptores de pinos DIP-10	2	1.3	2.60
	Botão de pressão	1	0.36	0.36
Transformadores				
MTLM1234	Transformador de acoplamento	2	2.9	5.80
Circuitos integrados				

PIC16F877	Microcontrolador DIP de 40 pinos de gama média	1	14.37	14.37
MT8870	Descodificador DTMF DIP 18 pinos	1	2.80	2.80
LBA110	Micro relé sólido de 5 V Dip 8 pinos portas normalmente abertas, normalmente fechadas	2	4.05	8.10
74LS147	10 linhas Decimais para 4 linhas BCD DIP de 16 pinos	1	1.87	1.87
74LS42	4 linhas BCD linhas tolO DIP decimal 16 pinos	1	0.5	0.50
74LS260	2 portas NOR de 5 entradas DIP de 14 pinos	1	0.5	0.50
TL082	JFET IC -Ruído de amplificador operacional de graves duplos	1	0.361	0.36
PC817	Optoacoplador DIP 4 pinos	4	0.58	2.32
LM317HV	regulador ajustável TO220 3 terminais	2	0.58	1.16
Cristal				
XB0357	3,57954 MHz	1	0.60	0.60
XB0400	4 MHz	1	0.60	0.60
	Dissipadores de calor	3	0.57	1.71
	Tomada de contacto duplo DIP 40	1	0.72	0.72
	Conectores especiais	18	0.24	4.32
Outros	Placa de cobre de dupla face 15x26	1	5.75	5.75
	TOTAL			64,27

PLACA DE INTERFACE DE LINHA

Componentes	Descrição	Quantidade	Preço cada $US	Total Preço $US
Condensadores				
	Eletrolítico; 47 LI1; 50 V	4	0.14	0.56
	Tântalo; 4,7LI1; de25V	2	0.29	0.58
	Eletrolítico; 3,3LI1; de 25 V	2	0.14	0.28
Leds Díodos				
	Díodos indicadores	2	0.07	0.14

	LED			
Transístores				
2N3819	JFET canal N TO-92	2	0.80	1.60
Resistências				
	560 Q fio de5W	2	0.36	0.72
	470Fio de5W	2	0.36	0.72
	Carvão5.6kQ%W 5%	2	0.04	0.08
	Carvão 1 kQ %W 5%	6	0.04	0.24
	Carvão 150Q%W 5%	2	0.04	0.08
	Carvão 470Q%W 5%	4	0.04	0.16
	Carvão2.2kQ %W 5%	2	0.04	0.08
	Carvão 220Q%W 5%	4	0.04	0.16
	Carvão 39 kQ %W 5%	2	0.04	0.08
	Carvão510Q%W 5%	2	0.04	0.08
Interruptores				
	Interruptores de 4 pinos	2	0.72	1.44
Transformadores				
MTLM1234	Transformador de acoplamento	2	2.90	5.80
Circuitos integrados				
PIC16F84A	DIP 18 pinos de gama média do microcontrolador	2	7.18	14.36
LBA110	5 V micro relé sólido DIP 8 pinos portas normalmente abertas, normalmente fechadas	6	4.05	24.30
PC817	Optoacoplador DIP 4 pinos	4	0.57	2.28
74LS08	4 portas AND de 2 entradas DIP de 14 pinos	1	0.50	0.50
74LS32	4 portas OR de 2 entradas DIP de 14 pinos	1	0.50	0.50
Outros				
	Tomada de contacto duplo DIP 18	2	0.50	1.00

	Conectores especiais para pólo polarizado	2	0.72	1.44
Placa de cobre de dupla face7x2012 .88				2.88
TOTAL				**60,06**

Uma vez que a aquisição de componentes é feita num mercado informal, sem ter em conta os custos administrativos, o preço dos componentes é aumentado num fator de 40% do seu valor.

7.1.2 CUSTO DE IMPLEMENTAÇÃO

O custo por montagem e o material utilizado devem ser tidos em conta, bem como a mão de obra de pessoal especializado no manuseamento de componentes electrónicos.

Mão de obra qualificada	$us 100,58
Material utilizado	$US 43,10
TOTAL	**SUS 143,68**

7.1.3 CUSTO TOTAL

Também deve ser considerado o custo do projeto, que inclui a programação dos microcontroladores, indispensável para o funcionamento do sistema.

Custo dos componentes	SUS 174,86
Custo de implementação	SUS 143,68
Custo por projeto	SUS 143,68
TOTAL em dólares americanos	**SUS 462,22**

Este seria o preço total para o sistema básico do nosso comutador, que consiste na placa de processamento central e na placa de interface de linha.

CAPÍTULO VIII

CONCLUSÕES E RECOMENDAÇÕES

8.1 CONCLUSÕES

Este projeto mostra que é possível conceber e implementar sistemas vantajosos utilizando componentes electrónicos modernos para satisfazer requisitos específicos:

- Conceber um sistema de comutação rentável que satisfaça os requisitos básicos dos utilizadores.
- Dispor de um equipamento expansível em função do número de assinantes a ligar ao mesmo.
- Diminuir o preço do equipamento de comutação telefónica, reduzindo o valor dos cartões que o compõem.
- Reduzir a probabilidade de falhas de hardware utilizando menos componentes.
- Substituição mais fácil em caso de avaria devido à utilização de componentes actuais disponíveis no mercado.
- Utilizar componentes electrónicos com tecnologia moderna, reduzindo assim o número de dispositivos.
- Facilidade de reparação devido à utilização de componentes actuais, com informação técnica disponível.
- Boa estabilidade na alimentação eléctrica do equipamento utilizando tensões padrão de 5 e 12 V.
- Controlo visual, através de indicadores LED, do correto funcionamento do sistema.
- Maior alcance e controlo do funcionamento através da utilização de microcontroladores.
- Possibilidade de modificar ou atualizar o software dos PIC em caso de melhorias ou de novos requisitos.

8.2 RECOMENDAÇÕES

O presente projeto poderá ser o início do desenvolvimento de um novo protótipo de uma central telefónica de maior capacidade, com melhores caraterísticas estruturais e maiores funcionalidades.

Alguns circuitos das placas que foram concebidas são aplicáveis para satisfazer outras necessidades, podem aumentar a programação nos microcontroladores e obter um sistema muito seguro e robusto.

Ao iniciar o funcionamento do novo equipamento, é aconselhável reiniciar o sistema premindo o botão de reinicialização Pl na placa de processamento central depois de o equipamento receber a tensão de alimentação.

A possibilidade de incorporar a comunicação sem fios entre dois sistemas de comutação idênticos pode ser explorada utilizando os novos microcontroladores PICs que facilitam a comunicação por radiofrequência.

E&M Ear and Mouth, sinalização analógica DC de canal comum num sistema de 4 fios.

DTMF Dual Tone Multi Frequency, dois tons multi-frequência, um de um grupo baixo e o outro de um grupo alto.

Tom de marcação Ao pegar no telefone, tom de marcação quando o equipamento não está ocupado.

Tom de ocupado, pode haver muitas causas para que este tom seja gerado.

Tom de retorno de toque Tom de retorno de toque Tom de confirmação de toque ou de retorno de chamada quando uma chamada está em curso.

Toque Toque, que é gerado por um sinal de corrente alternada proveniente do painel de controlo.

Chamada para todos Chamada para todos, quando é efectuada uma chamada para vários assinantes ao mesmo tempo.

Silenciar Silenciar o sistema, uma funcionalidade utilizada para cancelar processos em execução.

Bateria de conversação Circuito de corrente DC gerado na linha quando o telefone está fora do descanso.

CMOS Complementary Metal Oxide Semiconductor (Semicondutor de Óxido Metálico Complementar),
tecnologia de fabrico de circuitos integrados.

DIP Dual Inline Pin, pinos duplos em linha, norma de embalagem em circuitos integrados.

EPROM Erasable Programmable Read Only Memory, memória programável apagável apenas para leitura.

PBX Private Branch Exchange, um serviço de número virtual que gere as chamadas recebidas para 2 ou mais linhas telefónicas físicas.

OTP One Time Programmable, memória de tempo não volátil, só de leitura, programável uma vez.

SOIC Small Outline Integrated Circuit, pinos de montagem em superfície em circuitos integrados.

USART Universal Synchronous Asynchronous Receiver Transmitter, uma das 2 portas série disponíveis no PIC16F877, pode funcionar de forma síncrona ou assíncrona.

Interruptor DIP Micro-interruptores em embalagem DIP.

Marcação Marcação de um número por telefone.

Memória de acesso aleatório **RAM**, memória de acesso aleatório.

ROM Read Only Memory, memória só de leitura.

CPC Central Processing Card, é o cartão principal do nosso sistema.
Placa de interface de linha **BIL**, onde são ligadas as linhas de assinante.
SCT Sistema de Contagem Telefónica, todo o equipamento concebido.

BIBLIOGRAFIA

Daniel Vargas, Alexy Ferrufino
"Estudo e reformulação de componentes de uma central telefónica de baixa capacidade" Data de acesso: fevereiro/2005.
General Electric Company
Manual "Party line seletor equipment", 1978
Data de acesso: abril/2005
Dimat
"Manual de colocação em funcionamento" Telefonia, 1998
Data de acesso: maio/2005
Grupo de Tecnologia Eletrónica
Laboratório de Instrumentação "Conceitos básicos de telefonia" Data da consulta: julho/2005
Microchip
"Manuais do utilizador para o PIC16F84 e o PIC16F877 microcontroladores" Data de acesso: agosto/2005
Universidade de Cauca
"Sistemas de comutação digital"
Data de acesso: dezembro/2005
Professor: Ing. Luis Agreda C.
Apontamentos da disciplina "Microcontroladores", UMSS 11/2004
Data de consulta: janeiro/2006
http://www.escarsa.net.co
Centrais de comutação telefónica
Data de referência: janeiro/2006
http://www.mailxmail.com
Conceitos de comutação telefónica
Data da consulta: fevereiro/2006
http://apuntes.ricondelvago.com
Central telefónica
Data da consulta: fevereiro/2006
http://www.itu.int
Manual e indicadores de telecomunicações
Data da consulta: março/2006
http://es.wikipedia.org
Telefone
Data da consulta: abril/2006
http://www.indexnet.santillana.es
Eletrónica de sistemas
Data da consulta: maio/2006

http://www.cosapi.com.pe
A revolução das comunicações
Data da consulta: setembro/2006
http://www.eie.fceia.unr.edu.ar
Comutadores digitais Data de acesso: novembro/2006
http://gridat.diatel.upm.es
Centro didático Sabitel
Data da consulta: dezembro/2006

MIX
Papier aus verantwortungsvollen Quellen
Paper from responsible sources
FSC® C105338

Printed by Books on Demand GmbH, Norderstedt / Germany